KAHLIL GIBRAN

NEIL DOUGLAS-KLOTZ (ORG.)

O PEQUENO LIVRO DA VIDA

Tradução
Sandra Martha Dolinsky

6ª edição

Rio de Janeiro | 2024

CIP-BRASIL. CATALOGAÇÃO NA PUBLICAÇÃO
SINDICATO NACIONAL DOS EDITORES DE LIVROS, RJ

Gibran, Kahlil

G382p   O pequeno livro da vida / Kahlil Gibran; [compilação] Neil Douglas-
6ª ed. -Klotz; tradução Sandra Martha Dolinsky. – 6ª ed. – Rio de Janeiro:
Best*Seller*, 2024.

Tradução de: Khalil Gibran's Little Book of Life
ISBN 978-85-465-0177-9

I. Poesia libanesa. I. Douglas-Klotz, Neil. II. Dolinsky, Sandra
Martha. III. Título.

CDD: 892.71
19-56126   CDU: 82-1(569.3)

Leandra Felix da Cruz – Bibliotecária – CRB-7/6135

Texto revisado segundo o novo Acordo Ortográfico da Língua Portuguesa.

Khalil Gibran's Little Book of Life

Copyright © 2018 por Neil Douglas-Klotz

Copyright da tradução © 2019 by Editora Best Seller Ltda.

Publicado mediante acordo com Hampton Roads Publishing Company Inc.

Todos os direitos reservados. Proibida a reprodução, no todo ou em parte, sem
autorização prévia por escrito da editora, sejam quais forem os meios empregados.

Direitos exclusivos de publicação em língua portuguesa para o Brasil
adquiridos pela
Editora Best Seller Ltda.
Rua Argentina, 171, parte, São Cristóvão
Rio de Janeiro, RJ – 20921-380
que se reserva a propriedade literária desta tradução

Impresso no Brasil

ISBN 978-85-465-0177-9

Seja um leitor preferencial Record.
Cadastre-se no site www.record.com.br e receba informações
sobre nossos lançamentos e nossas promoções.

Atendimento e venda direta ao leitor
sac@record.com.br

A TODOS OS IMIGRANTES QUE CONTRIBUEM
PARA AS NOVAS CULTURAS E CIVILIZAÇÕES.

Sumário

Introdução   13

1. *Ouvindo a vida da natureza*   19

A lei da natureza	20
Disse uma folha de grama	22
Três cães	23
Sombras	24
Canção da chuva	25
Uma hiena e um crocodilo	27
Duas ostras	28
Árvores são poemas	29
A terra vermelha	30
A lua cheia	31
A Formiga Suprema	32
A romã	33

Solidão	35
Água viva	36
Outros mares	37
O rio	38
Contentamento e frugalidade	40
Coração de lótus	41
A sombra	43
A serpente e a cotovia	44
Sapos: sobre a natureza do distúrbio	46
Canção da flor	48
Primavera no Líbano	50

2. *A beleza e a canção da vida*   *51*

Propósito da vida	52
Canto	53
Segredos da beleza da vida	54
O poeta	55
Arte e vida	59
O prazer é uma canção de liberdade	61
Cantar	62
Diante do trono da beleza	63
A flauta	66
Beleza	68
A alma do dançarino	70
Uma hora dedicada à beleza e ao amor	71

3. A jornada da vida humana 73

Sua vida diária é seu templo	74
Enterrar os eus mortos	75
Abrir mão de um reino	76
Posses	79
Tesouro	80
O valor do tempo	81
Com os sentidos continuamente renovados	82
Trabalho é amor	84
Construtores de pontes	85
Renome	86
A vida é uma procissão	87
Canção da humanidade	88
O canto no silêncio	91
Pudor	92
Entre	93
Ignorância	94
Quando você encontra um amigo	95
Estranhos para a vida	96
A vida é uma resolução	97
Anseio	98
Aos americanos filhos de imigrantes provenientes do Oriente Médio (1926)	99

4. Estações da vida   101

Mudar com as estações	102
Não há milagre por trás das estações	103
Juventude e conhecimento	106
Estações	107
Outono e primavera	108
Tempo	109
Todas as suas horas são asas	110
Seja o escuro	111
Dia e noite	112
Incubação	113
A maré da respiração	114
Não há costa sem o eu	115
Defeitos	116
Todos os anos eu esperava a primavera...	117

5. Vida paradoxal   121

A vida vem andando	122
Conversa	123
Um conto de dois contos	124
Confissão	125
Ontem e hoje	126

Presentes da Terra   130
Dar e ganhar   131
Alto e baixo   132
Busca   133
Liberdade   134
Limites   136
Olhos de coruja   137
Vozes   138
Oceano e espuma   139
Abençoada escuridão   140
Acordo   142
Jesus e Pan   143

6. A vida da alma   147

Ressurreição da Vida   148
Um fragmento   149
O mar maior   150
A verdade é como as estrelas   153
Tem piedade de mim, minha Alma   154
Confie nos sonhos   157
O eu maior   158
Ascensão   160
Filhos do espaço   161
Deixe-me, meu Acusador   162
O precursor   165
Caminhe de frente para o sol   167

Gotas de orvalho da alma — 168
Raízes entre as coisas — 169
O Eu é um mar — 170
O anseio do Eu Gigante — 171
Anjos e demônios — 172
A Montanha Abençoada — 173
Canção da alma — 174

Obras dos textos selecionados 177

Textos selecionados 179

Introdução

Nos últimos oitenta anos, as belas palavras do poeta libanês-americano Khalil Gibran vêm enriquecendo todo o tipo de material, desde cartões de congratulações e convites de casamento a quadrinhos com mensagens inspiradoras e literatura corporativa motivacional. Calcula-se que ele seja o terceiro poeta mais vendido de todos os tempos, depois de Shakespeare e Lao Tzu. Por meio de pequenos excertos, em grande parte extraídos de seu famoso livro *O profeta*, a maioria de nós o conhece como uma voz visionária de conforto, amor e tolerância.

Por mais maravilhoso que isso seja, existe ainda muito mais sobre Khalil Gibran.

Essa nova coleção lança um novo olhar sobre as palavras e a sabedoria de Gibran, levando em conta as principais influências de sua vida: sua cultura, misticismo natural e espiritualidade médio-orientais. Podemos facilmente argumentar que o que o leitor de seu tempo achava exótico em Gibran era o modo como ele expressava claramente uma região que a maioria considerava um enigma. Cem anos depois, compreender esse enigma passou de um passatempo exótico a uma questão de sobrevivência.

O livro em suas mãos reúne as palavras de Gibran sobre *vida*. Os futuros livros desta série reunirão os escritos de Gibran sobre amor e relacionamentos, sobre os segredos do caminho espiritual e sabedoria para a vida cotidiana.

A palavra *vida*, para nós, é abstrata. Refere-se ao tempo de vida de um ser humano, ao curso da vida cotidiana, ou à premissa filosófica da existência? Quem, ou o que, tem vida?

Mas, no Oriente Médio, a palavra *vida* tem um significado muito específico. Seja no hebraico bíblico, no aramaico de Jesus ou no árabe literário no qual Gibran escreveu suas primeiras obras, "vida" significa energia vital e vitalidade. O importante é o modo como alguém ou algo expressa essa vida e não como esse alguém ou esse algo surgem. "Vida" (*hayy* em árabe) se relaciona com a palavra comumente usada para "respiração", "hálito", "alento" nas línguas semíticas — um alento, um sopro de vida que é encontrado em toda a natureza e em todo o universo.

O "inominável nome" de Deus na antiga tradição hebraica tem relação com essa palavra, sendo um dos "99 belos nomes" de Deus na tradição islâmica. Seja a vida terrena ou celeste, temporal ou eterna, interior ou exterior — para um poeta e místico do Oriente Médio como Gibran, tudo é energia vital que preenche tudo o que podemos ver e sentir, bem como aquilo que podemos apenas imaginar.

Como Gibran deliberadamente conecta categorias que a maioria de nós vê como opostas, alguns críticos o acusam de explorar o simples artifício literário do paradoxo para artificialmente confundir seus leitores. Mas ver luz e escuridão, interior e exterior, bem e mal como complementos, não como opostos, está no cerne da cultura e da filosofia do Oriente Médio. Se existe apenas uma vida por trás e dentro de tudo, então, as conexões estão em todo lugar.

Segundo um de seus biógrafos, Suheil Bushrui, Gibran foi fortemente influenciado pelo misticismo do sufi andaluz do século XII, Muhyiddin Ibn Arabi. No conceito de Ibn Arabi sobre a "unidade do Ser", a realidade divina se espalha sobre toda a existência, mas é maior do que qualquer coisa que possamos experimentar ou descobrir. Além disso, Ibn Arabi deixa implícito que o que chamamos de vida é uma espécie de experimento pelo qual a Realidade Maior (relacionada ao que Gibran chama de "Alma Maior") progressivamente aprende mais sobre si mesma, nas jornadas de vida de cada planta, animal, ser humano, estrela e galáxia, bem como de um incontável número de seres invisíveis.

Outra grande influência foi o fato de Gibran ter sido criado como cristão maronita, uma Igreja oriental aliada à Igreja Católica Romana, mas que até o século XVIII falava e usava na liturgia a língua siríaca, relacionada ao aramaico nativo de Jesus. Segundo o Dr. Walid Phares, secretário-geral da União Maronita Mundial, "a identidade histórica do povo maronita é aramaica, siríaca e oriental... Maronitas, particularmente a comunidade nacional que viveu no monte Líbano e suas periferias por treze séculos, conservaram sua identidade histórica apesar das tentativas dos poderes regionais, incluindo os impérios árabe e otomano, de impor uma identidade estrangeira".

Tal criação causou dois efeitos principais em Gibran.

Primeiro, as Igrejas de língua aramaica historicamente viam Jesus, o profeta de Nazaré, como um ser humano, um "filho" — com f minúsculo — de Deus, que de modo único cumpriu seu destino e expressou a vida divina de uma maneira acessível a todos nós. Nesse sentido, todos nós podemos nos tornar "filhos" de Deus, ou seja, da "Unidade Sagrada" (tradução literal da palavra aramaica para Deus, *Alaha*). O livro de Gibran, *Jesus, o filho do homem*, apresenta o mesmo ponto de vista. De uma maneira bastante moderna, conta a história do profeta do ponto de vista de diferentes pessoas que o conheceram, algumas mencionadas na Bíblia, outras não (como um velho pastor, um astrólogo e um vizinho e amigo de Maria). Suas múltiplas (e às vezes conflitantes) histórias nos mostram que, para Gibran, Jesus não era uma figura que pudesse ser encapsulada em um credo qualquer ou contida dentro das paredes de uma igreja.

Como diz Gibran em um dos textos contidos neste livro:

"Uma vez a cada cem anos, Jesus de Nazaré encontra Jesus dos cristãos em um jardim entre as colinas do Líbano. E eles conversam muito. E a cada vez, Jesus de Nazaré vai embora dizendo ao Jesus dos cristãos: *Meu amigo, receio que nunca, jamais concordaremos.*"

Em segundo lugar, como o Dr. Phares diz acima, os maronitas — e Gibran em particular — acreditavam fortemente na autodeterminação do povo sírio. "Sírio" aqui era usado em um sentido cultural, uma vez que os limites do Estado da Síria só foram estabelecidos depois da Primeira Guerra Mundial. Gibran trabalhou por várias causas sírias antes do fim da guerra, as quais via como uma oportunidade para que seu povo se libertasse de um império otomano corrupto. Como muitos de seus contemporâneos, ele se sentiu traído pelo Acordo Sykes-Picott, segundo o qual as potências vitoriosas ocidentais basicamente dividiam o Oriente Médio pós-otomano em nações segundo sua própria influência e conveniência. Cem anos depois, ainda vivemos as consequências disso.

O profundo amor de Gibran por seu país natal, sua crença na essencial bondade de seu povo, sua conexão com sua terra e natureza reluzem em muitos dos textos aqui selecionados. Em "Aos jovens americanos de origem síria" publicado originalmente em 1926, Gibran diz:

"Eu acredito que vocês podem dizer a Emerson, Whitman e James: *Em minhas veias corre o sangue dos poetas e sábios do passado, e é meu desejo ir até vocês e receber; mas eu não irei de mãos vazias.*"

Quanto à revisão e edição atuais, é evidente que Gibran recebeu ajuda com a gramática e a pontuação de várias pessoas, particularmente de sua grande musa Mary Haskell. A maneira como lemos mudou nos últimos cem anos, e o mesmo aconteceu com a gramática, de modo que eu modifiquei pontuação ou parágrafos de muitos textos para mostrar ao leitor moderno o ritmo da voz de Gibran.

Ao selecionar o material para este livro, coloquei provérbios bem conhecidos de Gibran ao lado de outros menos famosos, organizados segundo as várias visões de "vida" que ele um dia expressou. Alguns textos de Gibran são reconfortantes e fáceis de entender; alguns intrigantes, outros perturbadores. Como muitos místicos do Oriente Médio, ele parece haver sentido que períodos de perplexidade ou perturbação eram tão importantes quanto os de conforto para ajudar a propiciar equilíbrio e cura a sua própria vida pessoal um tanto caótica, bem como à vida de seus leitores. Talvez essa disposição de abraçar tudo da vida justifique por que ele ainda nos toca.

Neil Douglas-Klotz
Fife, Escócia, junho de 2017

1

Ouvindo a vida da natureza

Dedicar tempo a ouvir o mundo natural revela uma nova maneira de ser humano. É como se toda a natureza já estivesse dentro de nós, lembrando-nos de nossa conexão com a vida única que compartilhamos.

A lei da natureza

Diante do trono da liberdade, as árvores se alegram com a brisa brincalhona e desfrutam dos raios do sol e do luar.

Com ouvidos de liberdade os pássaros sussurram, e em torno da liberdade eles esvoaçam, rumo à música dos riachos.

Por todo o céu de liberdade as flores respiram sua fragrância, e diante dos olhos da liberdade sorriem quando chega o dia.

Tudo vive na Terra segundo a lei da natureza, e dessa lei emerge a glória e a alegria da liberdade.

Mas a humanidade negou a si mesma essa ventura, porque estabeleceu uma lei limitada e terrena à alma dada por Deus.

Fez para si regras estritas e construiu uma prisão estreita e dolorosa, na qual isolou os afetos e desejos da humanidade. Cavou uma profunda cova, na qual enterrou o coração e o propósito da humanidade.

Se os indivíduos, por meio dos ditames de sua alma, declararem sua retirada da sociedade e violarem a lei, seus companheiros dirão que são rebeldes dignos do exílio, ou criaturas infames merecedoras apenas da execução.

Acaso as pessoas continuarão escravas do confinamento autoimposto até o fim do mundo?

Ou serão libertadas pelo passar do tempo e viverão no espírito e pelo espírito?

Insistirão em olhar para baixo e para trás na terra?

Ou voltarão os olhos ao sol para não ver a sombra de seus corpos entre crânios e espinhos?

Disse uma folha de grama

Disse uma folha de grama a uma folha de outono:

— Você faz tanto barulho ao cair! Dispersa todos os meus sonhos de inverno.

A folha de outono respondeu, indignada:

— Você, de baixo nascimento e morada! Coisa sem música, rabugenta! Você não vive no ar superior e não reconhece o som do cantar.

Então, a folha de outono se deitou sobre a terra e adormeceu.

E quando a primavera chegou, e ela despertou de novo, era uma folha de grama.

E quando chegou o outono e caiu o sono de inverno sobre ela, e então acima dela e por todo o ar as folhas caíam, ela murmurou para si mesma:

— Ah, essas folhas de outono! Fazem tanto barulho! Dispersam todos os meus sonhos de inverno.

TRÊS CÃES

Três cães estavam relaxando ao sol e conversando.

Disse o primeiro cão, sonhador:

— É de fato maravilhoso estar vivo nestes tempos de reino canino. Veja com que facilidade viajamos sob o mar, sobre a terra e até mesmo pelo céu. E medite por um instante sobre as invenções criadas para o conforto dos cães, para os nossos olhos, ouvidos e nariz.

E o segundo cão disse:

— Nós estamos mais atentos às artes. Latimos para a lua com mais ritmo que nossos antepassados. E quando nos olhamos na água, vemos que nossos traços são mais nítidos que os de ontem.

Então, o terceiro cão disse:

— Mas o que mais me interessa e seduz minha mente é o tranquilo entendimento existente entre os reinos caninos.

Nesse exato momento eles ergueram os olhos, e eis que a carrocinha se aproximava.

Os três cães deram um salto e saíram correndo pela rua.

E enquanto corriam, disse o terceiro cão:

— Pelo amor de Deus, corram, salvem suas vidas! A civilização está atrás de nós!

OUVINDO A VIDA DA NATUREZA

SOMBRAS

Uma raposa viu sua sombra ao nascer do sol e disse:
— Hoje vou comer um camelo no almoço.
E durante toda a manhã procurou por camelos.
Mas, ao meio-dia, viu sua sombra novamente e disse:
— Um rato vai servir.

Canção da chuva

Eu sou fios de prata pontilhados,
lançados do céu pelos deuses.
E então, a natureza me leva para adornar seus campos e vales.

Eu sou lindas pérolas
arrancadas da coroa de Ishtar
pela filha do amanhecer, para embelezar jardins.

Quando eu choro, as colinas riem.
Quando me humilho, as flores se regozijam.
Quando me curvo, todas as coisas são exaltadas.

O campo e a nuvem são amantes,
e entre eles eu sou um mensageiro da misericórdia.
Eu sacio a sede de um,
curo a doença de outro.

A voz do trovão declara minha chegada.
O arco-íris anuncia minha partida.
Eu sou como a vida terrena,
que começa aos pés dos elementos enlouquecidos
e termina sob as asas abertas da morte.

Eu emerjo do coração do mar
e me elevo com a brisa.
Quando vejo um campo necessitado,
desço e abraço
as flores e as árvores
de um milhão de pequenas maneiras.

Eu toco as janelas suavemente
com meus dedos macios,
e meu anúncio é uma música de boas-vindas.
Todos podem ouvi-la,
mas só os sensíveis podem entendê-la.

O calor no ar me dá à luz,
mas em troca eu o mato,
assim como a mulher supera o homem
com a força que toma dele.

Eu sou o suspiro do mar,
o riso do campo,
as lágrimas do céu.

E, com amor...
suspiros do profundo mar de afeto,
riso do colorido campo do espírito,
lágrimas do infinito céu das memórias.

Uma hiena e um crocodilo

À margem do Nilo, ao anoitecer, uma hiena encontrou um crocodilo; eles pararam e se cumprimentaram.

Disse a hiena:

— Como vai seu dia, senhor?

E o crocodilo respondeu:

— Nada bem. Às vezes, eu choro de dor e tristeza. Mas as criaturas sempre dizem: "São apenas lágrimas de crocodilo." E isso me magoa demais.

Então a hiena disse:

— Você fala de sua dor e sua tristeza, mas, pense em mim também por um instante. Eu vejo a beleza do mundo, suas maravilhas e seus milagres, e de absoluta alegria eu rio com o dia. Mas o povo da selva diz: "É apenas o riso de uma hiena."

Duas ostras

Disse uma ostra à sua ostra vizinha:

— Eu tenho uma dor muito grande dentro de mim. É pesada e redonda, e me faz sofrer.

E a outra ostra respondeu com complacência e desdém:

— Louvados sejam o céu e o mar, pois não tenho dor dentro de mim. Eu estou bem e inteira, tanto por dentro quanto por fora.

Nesse momento, passou um caranguejo e ouviu as duas ostras. E disse àquela que estava bem e inteira, tanto por dentro quanto por fora:

— Sim, você está bem e inteira, mas a dor que sua vizinha sente é uma pérola de beleza extraordinária.

Árvores são poemas

Árvores são poemas
que a terra escreve no céu.
Nós as derrubamos
e as transformamos em papel
para que possamos registrar nosso vazio.

A TERRA VERMELHA

Disse uma árvore a um homem:

— Minhas raízes estão na profunda terra vermelha, e eu lhe darei meus frutos.

E disse o homem à árvore:

— Como somos parecidos! Minhas raízes também estão na profunda terra vermelha. A terra vermelha lhe dá poder para me conceder seus frutos; e a terra vermelha me ensina a receber com gratidão.

A LUA CHEIA

A lua cheia se ergueu em glória sobre a cidade, e todos os cães começaram a latir para ela.

Somente um cão não latiu, e disse ao resto com voz grave:

— Não despertem a quietude de seu sono, nem tragam a lua à Terra com seus latidos.

Então, todos os cães pararam de latir, permanecendo em um horrível silêncio.

Mas o cão que falara com eles continuou latindo pedindo silêncio o resto da noite.

A Formiga Suprema

Três formigas se encontraram no nariz de um homem que dormia ao sol. E depois que se saudaram, cada uma segundo o costume de sua tribo, ficaram conversando.

Disse a primeira formiga:

— Essas colinas e planícies são as mais estéreis que já vi. Procurei o dia todo um grão qualquer, mas não encontrei nenhum.

A segunda formiga disse:

— Eu também não encontrei nada, mesmo tendo visitado todos os recantos e clareiras. Creio que isto é o que meu povo chama de terra macia, e em movimento, onde nada cresce.

Então, a terceira formiga levantou a cabeça e disse:

— Meus amigos, estamos agora parados no nariz da Formiga Suprema, a poderosa e infinita formiga, cujo corpo é tão grande que não o podemos ver, cuja sombra é tão vasta que não a podemos contornar, cuja voz é tão alta que não a podemos ouvir; e ela é onipresente.

Quando a terceira formiga falou, as outras se entreolharam e riram.

Nesse momento, o homem se mexeu, e dormindo, ergueu a mão e coçou o nariz, esmagando as três formigas.

A ROMÃ

Certa vez, quando eu vivia no miolo de uma romã, ouvi uma semente dizer:

— Um dia eu me tornarei uma árvore, e o vento cantará em meus galhos e o sol dançará em minhas folhas, e eu serei forte e linda durante todas as estações.

Então outra semente disse:

— Quando eu era jovem como você, também tinha essas visões; mas, agora, que posso pesar e medir as coisas, vejo que minhas esperanças eram vãs.

E uma terceira semente disse também:

— Não vejo em nós nada que prometa um futuro tão grandioso.

E uma quarta disse:

— Mas que escárnio seria nossa vida sem um futuro maior!

A quinta questionou:

— Por que discutir sobre o que seremos, se nem sabemos o que somos?

Mas uma sexta respondeu:

— Sejamos o que for, é o que continuaremos a ser.

E uma sétima disse:

— Eu tenho uma ideia muito clara de como tudo será, mas não consigo expressá-la com palavras.

Então, disse uma oitava semente — e uma nona, e uma décima, e depois muitas, até que estavam todas falando e eu não conseguia distinguir nada no meio de tantas vozes.

Então, no mesmo dia eu me mudei para o miolo de um marmelo, onde há poucas sementes que são quase caladas.

Solidão

A solidão é uma tempestade silenciosa
que quebra todos os nossos galhos mortos.
Ainda assim, enterra nossas raízes vivas mais fundo
no coração vivo da terra viva.

ÁGUA VIVA

E nisso reside minha honra e minha recompensa:
que sempre que venho à fonte beber,
encontro a própria água viva sedenta.
E ela me bebe
enquanto eu a bebo.

Outros mares

Disse um peixe a outro peixe:

— Acima deste nosso mar há outro, onde criaturas nadam, e vivem lá como nós vivemos aqui.

E o outro peixe respondeu:

— Pura fantasia! Pura fantasia! Você sabe que tudo que sai um centímetro de nosso mar e fica fora, morre. Que prova você tem de que há outras vidas em outros mares?

O RIO

No vale do Kadisha*, onde corre o poderoso rio, dois pequenos córregos se encontraram e falaram um com o outro.

O primeiro córrego disse:

— Como você veio, meu amigo, e como foi seu caminho?

E o outro respondeu:

— Meu caminho foi bastante difícil. A roda do moinho estava quebrada, e o dono da fazenda que costumava me conduzir de meu canal até suas plantas está morto. Eu me esforcei para descer, escorrendo ao sol junto com a imundície da indolência. Mas, como foi seu caminho, meu irmão?

E o outro riacho respondeu:

— Meu caminho foi diferente. Eu desci as colinas entre flores perfumadas e tímidos salgueiros. Homens e mulheres bebiam de mim com xícaras prateadas, e criancinhas batiam seus pés rosados nas minhas bordas; e havia

---

* Vale a sudeste de Trípoli, no norte do Líbano. *Kadisha*, ou *Qadisha*, significa "santo", "sagrado", em aramaico. As muitas cavernas naturais do vale do Kadisha foram ocupadas desde os tempos paleolíticos e serviram como locais de refúgio para místicos cristãos e muçulmanos. Em 1998, a UNESCO incluiu o vale na lista de Patrimônios Mundiais da Humanidade.

risadas ao meu redor, e doces canções. Que pena que seu caminho não foi tão feliz.

Nesse momento, o rio falou com uma voz alta dizendo:

— Venham, entrem, vamos para o mar! Venham, entrem, não falem mais. Fiquem comigo agora; estamos indo para o mar. Venham, entrem, pois em mim esquecerão suas andanças, tristes ou alegres. Venham, entrem! Vocês e eu esqueceremos todos os nossos caminhos quando chegarmos ao coração de nossa mãe, o mar.

CONTENTAMENTO E FRUGALIDADE

Se a natureza desse atenção
ao que dizemos sobre o contentamento,
nenhum rio buscaria o mar,
e nenhum inverno se transformaria em primavera.
Se ela desse atenção a tudo que dizemos sobre frugalidade,
quantos de nós estariam
respirando este ar?

Coração de lótus

Um amante e amado no tempo de Jesus:

Certo dia, minha amada e eu estávamos remando no lago de águas doces. E ao nosso redor, as colinas do Líbano.

Passamos por salgueiros-chorões, e seus reflexos eram intensos e profundos ao nosso redor.

E enquanto eu guiava o barco com um remo, minha amada pegou seu alaúde e cantou assim:

Que flor exceto o lótus
conhece as águas e o sol?
Que coração exceto o coração do lótus
poderia conhecer a terra e o céu?

Contemple, meu amor, a flor dourada
que flutua entre as profundezas e a altura,
enquanto você e eu flutuamos entre um amor
que sempre foi
e sempre será.

Mergulhe seu remo, meu amor,
e deixe-me tocar minhas cordas.
Vamos seguir os salgueiros,
e não abandonemos os nenúfares.

Em Nazaré vive um poeta
e seu coração é como o lótus.
Ele visitou a alma da mulher.
Ele sabe que sua sede
cresce fora das águas,
e sua fome é de sol,
apesar de seus lábios alimentados.

Dizem que ele anda na Galileia.
Eu digo que ele está remando conosco.
Não consegue ver o rosto dele, meu amor?
Não vê onde o galho do salgueiro
e seu reflexo se encontram?
Como ele se move junto conosco?

Amado, é bom conhecer a juventude da vida.
É bom conhecer sua alegria cantante.
Que você sempre tenha o remo
e eu as cordas de meu alaúde
onde o lótus ri ao sol
e o salgueiro mergulha nas águas
e a voz dele está em minhas cordas.

Mergulhe seu remo, meu amado,
e deixe-me tocar minhas cordas.
Há um poeta em Nazaré
que conhece e ama a nós dois.
Mergulhe seu remo, meu amante,
e deixe-me tocar minhas cordas.

A SOMBRA

Certo dia de junho a grama à sombra de um olmo disse à sombra:

— Você fica o tempo todo se mexendo para a direita e esquerda e perturba minha paz.

E a sombra respondeu:

— Não fico, não mesmo. Olhe para o céu. Há uma árvore que se move ao vento para o leste e para o oeste, entre o sol e a Terra.

E a grama olhou para cima, e pela primeira vez viu a árvore. E ela disse em seu coração:

— Pasme! Eis que existe uma grama maior que eu!

E ficou em silêncio.

A serpente e a cotovia

Disse a serpente à cotovia:

— Tu voas, mas não podes visitar os recessos da terra onde a seiva da vida se move em perfeito silêncio.

E a cotovia respondeu:

— Sim, tu sabes muito. Não, tu és mais sábio que todas as coisas sábias; pena que não podes voar.

E como se não a ouvisse, disse a serpente:

— Tu não podes ver os segredos das profundezas nem te mover entre os tesouros do império oculto. Ontem mesmo eu estive em uma caverna de rubis. É como o coração de uma romã madura, e o mais débil raio de luz se transforma em chamas. Quem, além de mim, pode contemplar essas maravilhas?

E a cotovia disse:

— Ninguém, ninguém além de ti pode estar entre as memórias cristalinas dos ciclos; pena que não podes cantar.

E a serpente disse:

— Eu conheço uma planta cuja raiz desce até as entranhas da terra, e aquele que a come se torna mais justo que Astarte.

E disse a cotovia:

— Ninguém, ninguém além de ti poderia desvendar o pensamento mágico da terra; pena que não podes voar.

E a serpente continuou:

— Há um riacho púrpura que corre debaixo de uma montanha, e aquele que beber dele se tornará imortal como os deuses. Certamente, nenhum pássaro ou outro animal pode descobrir esse rio púrpura.

E a cotovia respondeu:

— Se quiseres, tu poderás tornar-te imortal como os deuses; pena que não podes cantar.

E disse a serpente:

— Eu conheço um templo enterrado, que visito uma vez a cada lua. Foi construído por uma raça esquecida de gigantes. E em seus muros estão gravados os segredos do tempo e do espaço; e aquele que os lê entende aquilo que excede toda compreensão.

E a cotovia disse ainda:

— Em verdade, se quiseres, podereis envolver com teu corpo flexível todo o conhecimento do tempo e do espaço; pena que não podes voar.

Então, indignada, a serpente se voltou e entrou em seu buraco, murmurando:

— Seu cantor cabeça-oca!

E a cotovia saiu voando e cantando:

— Pena que não podes cantar. Pena, pena, meu sábio, que não podes voar.

SAPOS: SOBRE A NATUREZA DO DISTÚRBIO

Certo dia de verão, um sapo disse a seu companheiro:

— Receio que nossas músicas noturnas perturbem as pessoas que moram naquela casa na costa.

E seu companheiro respondeu:

— Bem, acaso eles não atrapalham nosso silêncio durante o dia com sua conversa?

O sapo disse então:

— Não esqueçamos que talvez cantemos demais à noite.

E seu companheiro respondeu:

— Não esqueçamos que eles conversam e gritam muito durante o dia.

Disse o sapo:

— E quanto à rã-touro, que, Deus me livre, perturba a vizinhança toda com seu estrondo?

E seu companheiro respondeu:

— Sim, mas o que me diz do político, do padre e do cientista que vêm a estas margens e enchem o ar de barulho e som sem rimas?

Então, disse o sapo:

— Bem, sejamos melhores que esses seres humanos. Vamos ficar quietos à noite e manter nossas canções no coração, mesmo que a lua clame por nosso ritmo e as estrelas por nossa rima. Vamos pelo menos ficar em silêncio uma noite ou duas, ou três, talvez.

E seu companheiro disse:

— Muito bem, eu concordo. Veremos o que seu coração generoso nos trará.

Naquela noite, os sapos ficaram em silêncio; e ficaram em silêncio na noite seguinte também, e de novo na terceira noite.

E, por estranho que pareça, a mulher falante que morava na casa ao lado do lago desceu para o café da manhã naquele terceiro dia e gritou para o marido:

— Não durmo há três noites. Eu dormia bem com o barulho dos sapos em meus ouvidos. Mas algo deve ter acontecido; eles não cantam mais, e estou quase enlouquecendo por causa da insônia.

O sapo a ouviu e se voltou para seu companheiro, dando uma piscadinha:

— E nós estávamos quase enlouquecendo com o nosso silêncio, não é mesmo?

E seu companheiro respondeu:

— Sim, o silêncio da noite pesava sobre nós. E agora, posso ver que, para o conforto daqueles que precisam preencher seu vazio com barulho, não precisamos parar de cantar.

E naquela noite a lua não clamou em vão pelo ritmo dos sapos, nem as estrelas por sua rima.

Canção da flor

Eu sou uma palavra gentil pronunciada e repetida
pela voz da natureza.

Eu sou uma estrela caída
da tenda azul sobre o tapete verde.

Eu sou a filha dos elementos
com a qual o inverno concebeu,
a quem a primavera deu à luz.
Fui criada no colo do verão,
e dormi na cama do outono.

Ao amanhecer me uno à brisa
para anunciar a chegada da luz.
Ao anoitecer, eu me junto aos pássaros
dando adeus à luz.

As planícies estão decoradas
com minhas lindas cores,
e o ar se perfuma com minha fragrância.

Quando eu abraço o descanso,
os olhos da noite me vigiam;
e ao acordar, olho para o sol,
que é o único olho do dia.

Eu bebo orvalho como vinho
e ouço as vozes dos pássaros,
e danço para o
balanço rítmico da relva.

Eu sou o presente do amante.
Eu sou a guirlanda de casamento.
Eu sou a lembrança de um momento de felicidade.
Eu sou o último presente dos vivos para os mortos.
Eu sou parte da alegria e parte da tristeza.

Mas eu olho para o alto para ver apenas a luz,
e nunca olho para baixo para ver minha sombra.

Essa é a sabedoria que a humanidade deve aprender.

Primavera no Líbano

A primavera é linda em todos os lugares, mas é mais bonita no Líbano. Ela é um espírito que vagueia pela terra, mas paira sobre o Líbano, conversando com reis e profetas, cantando com os rios os cânticos de Salomão e repetindo com os Santos Cedros do Líbano memórias da antiga glória.

Beirute, livre da lama do inverno e do pó do verão, é como uma noiva na primavera, ou como uma sereia sentada à margem de um riacho, secando sua pele macia sob os raios do sol.

Os poetas do Ocidente consideram o Líbano um lugar lendário, esquecido desde a morte de Davi, Salomão e dos profetas, quando o Jardim do Éden foi perdido depois da queda de Adão e Eva.

Para os poetas ocidentais, a palavra Líbano é uma expressão poética associada a uma montanha cujas encostas são encharcadas do incenso dos Santos Cedros. Faz que recordem os templos de cobre e mármores austeros e inexpugnáveis, e uma manada de veados se alimentando nos vales.

Naquela noite, eu vi o Líbano onírico com os olhos de um poeta.

A aparência das coisas muda de acordo com as emoções.

Nós vemos magia e beleza nelas, ao passo que a magia e a beleza estão, na verdade, em nós mesmos.

2

A beleza e a canção da vida

Nossa força vital aumenta à medida que trazemos mais beleza à nossa vida, em qualquer forma que nos agrade. Então, a vida nos move de dentro de nós, para criar beleza e compartilhá-la com os outros.

Propósito da vida

Nós vivemos apenas para descobrir a beleza.
Todo o resto é uma forma de espera.

CANTO

Se você cantar a beleza,
mesmo sozinho, no coração do deserto,
terá audiência.

Um grande cantor é aquele que canta nossos silêncios.

Dizem que o rouxinol
perfura seu peito com um espinho
quando canta sua canção de amor.
Assim como todos nós.
Como mais deveríamos cantar?

Genialidade nada mais é do que a canção de um pintarroxo
no início de uma primavera lenta.

Um louco não é menos músico
que você ou eu;
só o instrumento que ele toca
que está um pouco fora de tom.

Quando você canta,
os famintos o ouvem
com seus estômagos.

Segredos da beleza da vida

A voz de Khalil, o Herege:

Vãs são as crenças e ensinamentos que tornam a humanidade miserável, e falsa é a bondade que a leva à tristeza e ao desespero. Pois é propósito da humanidade ser feliz nesta Terra, ser guia no caminho da felicidade e pregar seu evangelho aonde quer que vá.

Quem não vê o reino dos céus nesta vida, nunca o verá na próxima.

Nós não viemos a esta vida exilados; viemos como criaturas inocentes de Deus, para aprender a adorar o espírito santo e eterno e para buscar os segredos da beleza da vida, que estão escondidos dentro de nós mesmos.

Essa é a verdade que aprendi com os ensinamentos do Nazareno.

Essa é a luz que veio de dentro de mim e me mostrou os cantos escuros do convento que ameaçavam minha vida.

Esse é o profundo segredo que os belos vales e campos me revelaram quando eu estava faminto, sentado sozinho, chorando, à sombra das árvores.

Essa é a religião que o convento deve transmitir, como Deus a desejou, como Jesus a ensinou.

O POETA

Ele é um elo entre este mundo
e o vindouro.
Ele é uma fonte pura, da qual
todas as almas sedentas podem beber.

Ele é uma árvore regada pelo rio da beleza,
produzindo os frutos que o coração faminto anseia.

Ele é um rouxinol
acalmando o espírito deprimido
com suas belas melodias.

Ele é uma nuvem branca
que surge no horizonte,
subindo e crescendo
até preencher a face do céu.
Então, cai sobre as flores
no campo da Vida,
abrindo suas pétalas para receber a luz.

Ele é um anjo
enviado pela deusa
para pregar o evangelho da divindade.

Ele é uma lamparina brilhante,
que a escuridão não vence
e o vento não extingue.
É preenchida com óleo por Ishtar do amor
e iluminada por Apolo da música.

Ele é uma figura solitária
vestida de simplicidade e bondade.
Ele se senta no colo da natureza
para atrair sua inspiração,
e fica acordado no silêncio da noite,
aguardando a descida do espírito.

Ele é um semeador
que semeia as sementes de seu coração
nas pradarias do afeto,
e a humanidade faz a colheita
para se nutrir.

Esse é o poeta,
a quem as pessoas ignoram nesta vida,
que só é reconhecido quando
se despede do mundo terrestre
e retorna a seu caramanchão no céu.

Esse é o poeta
que pede à humanidade
nada mais que um sorriso.
Esse é o poeta,
cujo espírito ascende
e preenche o firmamento
com belos dizeres;
contudo, as pessoas negam a si mesmas
seu resplendor.

Até quando as pessoas continuarão dormindo?
Até quando continuarão glorificando
aqueles que alcançam a grandeza por momentos de
    vantagem?
Por quanto tempo ainda vão ignorar
aqueles que lhes permitem ver a beleza de seu espírito,
símbolo de paz e amor?

Até quando os seres humanos
honrarão os mortos e esquecerão os vivos
que passam a vida cercados de miséria
e que consomem a si mesmos
como velas acesas para iluminar o caminho
dos ignorantes e guiá-los
no caminho da luz?

Poeta, você é a vida desta vida
e triunfou no decorrer das eras,
apesar da severidade de todos.

A BELEZA E A CANÇÃO DA VIDA

Poeta, um dia você vai governar os corações,
portanto, seu reino não tem fim.

Poeta, examine sua coroa de espinhos.
Encontrará escondida nela
uma coroa de louros.

ARTE E VIDA

Quatro poetas estavam sentados ao redor de uma tigela de ponche que descansava sobre uma mesa.

Disse o primeiro poeta:

— Parece que vejo com meu terceiro olho a fragrância deste vinho pairando no espaço como uma nuvem de pássaros em uma floresta encantada.

O segundo poeta levantou a cabeça e disse:

— Com meu ouvido interno consigo ouvir essa nuvem de pássaros cantando. E a melodia abraça meu coração, enquanto a rosa branca aprisiona a abelha dentro de suas pétalas.

O terceiro poeta fechou os olhos, esticou o braço para cima e disse:

— Eu os toco com a mão. Eu sinto suas asas, como a respiração de uma fada adormecida, roçando meus dedos.

Então, o quarto poeta se levantou, ergueu a tigela e disse:

— Ai de mim, amigos! Minha visão, audição e tato são muito fracos. Não posso ver a fragrância deste vinho, nem ouvir sua canção, nem sentir o bater de suas asas. Percebo apenas o próprio vinho. Agora, portanto, devo beber, para que possa aguçar meus sentidos e me elevar a suas felizes alturas.

E levando a tigela aos lábios, ele bebeu o ponche até a última gota.

Os três poetas, de bocas abertas, olhavam-no perplexos; e havia um sedento — não lírico — ódio em seus olhos.

O PRAZER É UMA CANÇÃO
DE LIBERDADE

O prazer é uma canção de liberdade,
mas não é liberdade.
É o florescer de seus desejos,
mas não seus frutos.
É uma profundidade que clama a altura,
mas não é o profundo nem o alto.

É o engaiolado abrindo as asas e voando,
mas não é espaço cercado.

Sim, na verdade,
o prazer é uma canção de liberdade.
E eu adoraria que você a cantasse
com plenitude de coração.

Mas não quero que você
perca seu coração
no canto.

Cantar

Siga seu caminho cantando,
mas que cada música seja breve,
pois somente as canções que morrem jovens em seus lábios
viverão no coração humano.

Diga uma adorável verdade com pequenas palavras,
mas nunca uma feia verdade com uma palavra qualquer.
Diga à donzela cujo cabelo brilha ao sol
que ela é filha da manhã.
Mas se contemplar o cego,
não lhe diga que ele é uno com a noite.

Diante do trono da beleza

Certo dia difícil, fugi do rosto sombrio da sociedade e do clamor estonteante da cidade e dirigi meus passos cansados à viela espaçosa. Segui o curso convidativo do regato e os sons musicais dos pássaros até chegar a um lugar solitário, onde os galhos que fluíam das árvores impediam que o sol tocasse a terra.

Fiquei ali, e foi divertido para minha alma — minha alma sedenta que não havia visto nada além da miragem da vida, em vez de sua doçura.

Eu estava profundamente absorto em pensamentos, e meu espírito navegava pelo firmamento quando uma huri, vestindo um raminho de videira que cobria parte de seu corpo nu e uma coroa de papoulas sobre o cabelo dourado, apareceu de repente para mim.

Quando notou meu espanto, ela me cumprimentou, dizendo:

— Não tenha medo de mim. Eu sou a Ninfa da Selva.

— Como uma beleza como a sua pôde se comprometer a viver neste lugar? — perguntei. — Por favor, diga-me quem você é e de onde vem.

Ela se sentou graciosamente na relva verde e respondeu:

A BELEZA E A CANÇÃO DA VIDA

— Eu sou o símbolo da Natureza! Sou a sempre virgem que seus antepassados adoraram, e em minha homenagem erigiram santuários e templos em Balbeque e Jubail.

E ousei dizer:

— Mas esses templos e santuários foram devastados, e os ossos de meus adorados ancestrais se tornaram parte da terra. Nada sobrou para celebrar a deusa deles, exceto umas poucas páginas esquecidas no livro da história.

Ela respondeu:

— Algumas deusas vivem na vida de seus adoradores e morrem em sua morte, ao passo que outras vivem uma vida eterna e infinita. Minha vida é sustentada pelo mundo da Beleza que você verá onde quer que descanse seus olhos, e essa Beleza é a própria Natureza. É o começo da alegria do pastor entre as colinas e a felicidade de um aldeão nos campos, e o prazer das tribos maravilhadas nas montanhas e planícies. Essa Beleza promove o sábio ao trono da Verdade.

Então, eu disse:

— A Beleza é um poder terrível!

E ela replicou:

— Os seres humanos temem todas as coisas, inclusive a si mesmos. Vocês têm medo do céu, fonte da paz espiritual. Temem a Natureza, o paraíso de descanso e tranquilidade. Temem o Deus da bondade e o acusam de irado, ao passo que ele é cheio de amor e misericórdia.

Depois de um profundo silêncio, mesclado com doces sonhos, eu pedi:

— Fale-me dessa beleza que as pessoas interpretam e definem, cada um segundo sua própria concepção. Já a vi ser honrada e adorada de maneiras diferentes.

Ela respondeu:

— Beleza é aquilo que atrai sua alma, e aquilo que ama dar, não receber. Quando você encontra a Beleza, sente que as mãos de seu eu interior se estendem para levá-la ao domínio de seu coração. É uma magnificência combinada com tristeza e alegria. É o invisível que você vê, e o vago que você entende, e o mudo que você ouve — é o Santo dos Santos que começa em si mesma e termina muito além de sua imaginação terrena.

Então, a Ninfa da Selva se aproximou de mim e pousou suas mãos perfumadas em meus olhos. E quando se retirou, eu me encontrei sozinho no vale. Quando voltei à cidade, cuja turbulência já não me incomodava, repeti suas palavras:

— Beleza é aquilo que atrai sua alma, e aquilo que ama dar, não receber.

A FLAUTA

Dê-me a *ney** e cante
a música secreta do ser,
uma canção cujo eco dure
até a existência desaparecer.
Você, como eu,
escolheu o deserto,
uma casa sem limitações?
Seguiu o rio
e escalou as rochas,
banhando-se em sua fragrâncıa,
secando-se em sua luz?
Bebeu o amanhecer
em taças cheias de ar divino?

---

* Flauta persa feita com um pedaço de junco ou bambu oco; ganhou fama na poesia médio-oriental graças a uma referência nas linhas de abertura do *Masnavi espiritual*, um poema épico do século XII, do sufi Jelaluddin Rumi. Nessa obra, Rumi compara a cana arrancada do caniçal para fazer uma flauta com a alma cortada da Realidade, que é seu lar, e ansiando por ela.

Você, como eu,
sentou-se ao entardecer,
em meio ao reluzente langor
de videiras carregadas de uvas?
Deitou-se na grama à noite
e usou o céu como colcha,
abrindo seu coração ao futuro,
esquecendo o passado?

Dê-me a *ney* e cante
uma canção em sintonia com corações.
Os sons da *ney* permanecerão
além das doenças e remédios.

Dê-me a *ney* e cante
pois os seres humanos
não são mais
que esboços traçados na água.

Beleza

E disse um poeta: "Fale-nos sobre beleza."

E Al Mustafa respondeu:

"Onde procurá-la, e como a encontrar se ela mesma não for seu caminho e seu guia?

E como falar dela se ela não for a tecelã de seu discurso?

Os aflitos e feridos dizem: 'A beleza é doce e gentil. Como uma jovem mãe, meio tímida de sua própria glória, ela caminha entre nós.'

E os apaixonados dizem: 'Não, a beleza é uma coisa de poder e pavor. Como a tempestade, ela sacode a terra abaixo e o céu acima de nós.'

Os cansados e exaustos dizem: 'A beleza é de sussurros suaves. Ela fala em nosso espírito. Sua voz cede a nossos silêncios como uma luz fraca que palpita com medo da sombra.'

Mas os inquietos dizem: 'Nós a ouvimos gritando nas montanhas. E com seus gritos chegou o som de cascos, o bater de asas e o rugido dos leões.'

À noite, os observadores da cidade dizem: 'A beleza surgirá do leste com a aurora.'

E ao meio-dia os trabalhadores e os transeuntes dizem: 'Nós a vimos debruçada sobre a terra pelas janelas ao pôr do sol.'

No inverno, dizem aqueles confinados pela neve: 'Ela virá com a primavera, saltando pelas colinas.'

E no calor do verão, dizem os ceifadores: 'Nós a vimos dançando com as folhas de outono e vimos neve pairando sobre seus cabelos.'

Todas essas coisas vocês dizem sobre a beleza, mas, na verdade, não falam dela, e sim de necessidades insatisfeitas.

E a beleza não é uma necessidade, e sim um êxtase.
Não é uma boca sedenta nem uma mão vazia estendida,
e sim um coração inflamado e uma alma encantada.
Não é a imagem que você veria nem a música que ouviria,
mas sim uma imagem que vê mesmo de olhos fechados,
e uma música que ouve mesmo que cubra os ouvidos.

Não é a seiva dentro da casca enrugada,
nem uma asa presa a uma garra,
mas sim um jardim sempre em flor
e um coro de anjos sempre em voo.

Povo de Orphalese,
beleza é vida quando a vida revela seu santo rosto.
Mas vocês são a vida, e vocês são o véu.
A beleza é a eternidade se contemplando no espelho.
Mas vocês são a eternidade e vocês são o espelho."

A ALMA DO DANÇARINO

Certa vez, chegou à corte do príncipe de Bkerkasha uma dançarina com seus músicos. Foi admitida na corte, e diante do príncipe dançou ao som da música do alaúde, da flauta e da cítara.

Bailou a dança das chamas e a dança das espadas e lanças. Bailou a dança das estrelas e a dança do espaço. E então, a dança das flores ao vento.

Depois, postou-se diante do trono do príncipe e se curvou diante dele.

E o príncipe, ordenando-lhe que se aproximasse, disse:

— Bela mulher, filha da graça e do deleite, de onde vem sua arte? E como comanda todos os elementos em seus ritmos e suas rimas?

E a dançarina se curvou de novo diante do príncipe e respondeu:

— Poderosa e graciosa majestade, não sei a resposta a seus questionamentos. Só isto eu sei: a alma do filósofo reside na cabeça; a alma do poeta está no coração; a alma do cantor vive na garganta; mas a alma do dançarino reside no corpo todo.

UMA HORA DEDICADA
À BELEZA E AO AMOR

Uma hora dedicada à busca da beleza e do amor equivale a um século inteiro de glória dada aos fortes pelos fracos amedrontados.

Dessa hora vem a verdade da humanidade. E durante esse século a verdade dorme nos braços inquietos dos sonhos perturbadores.

Nessa hora, a alma vê por si mesma a lei natural, e nesse século, ela se aprisiona por trás das leis da humanidade e é acorrentada com ferros de opressão.

Essa hora foi a inspiração para os Cânticos de Salomão, e esse século foi o poder cego que destruiu o templo de Balbeque.

Essa hora foi o nascimento do Sermão do Monte, e esse século destruiu os castelos de Palmira e a torre da Babilônia.

Essa hora foi a hégira de Maomé, e esse século esqueceu Alá, Gólgota e Sinai.

Uma hora dedicada a chorar e lamentar a igualdade roubada dos fracos é mais nobre que um século cheio de ganância e usurpação.

É nessa hora que o coração é purificado pela tristeza flamejante e iluminado pela tocha do amor. E nesse século que os desejos pela verdade são enterrados no seio da terra.

Essa hora é a raiz que deve florescer.

Essa hora é a hora da contemplação, a hora da oração e a hora de uma nova era do bem. E esse século é uma vida de Nero gasta consigo mesmo, tomada apenas de substância terrena.

Isso é vida — retratada no palco durante eras, registrada na Terra por séculos, vivida na estranheza por anos, cantada como um hino por dias, exaltada por apenas uma hora — mas essa hora é guardada pela eternidade como uma joia.

3

A jornada da vida humana

A vida cotidiana oferece oportunidades para
aprender sobre as muitas maneiras pelas quais
a Vida Maior se expressa por meio de nós.

A jornada da vida humana apresenta
suas reviravoltas únicas.

Sua vida diária é seu templo

Sua vida diária é seu templo e sua religião.
Sempre que entrar nele, leve consigo tudo de si.
Pegue o arado, a forja, o malho e o alaúde —
as coisas que você criou por necessidade ou prazer.
Pois em devaneio você não pode superar suas conquistas
nem cair abaixo de seus fracassos.
E leve consigo todas as pessoas:
pois na adoração você não pode voar mais alto que suas
    esperanças
nem se humilhar mais baixo que o desespero delas.
E se conhecer Deus,
não seja por isso um solucionador de enigmas
Em vez disso, olhe para si, e verá Deus
brincando com seus filhos.
E olhe para o espaço —
você verá Deus andando na nuvem,
de braços estendidos no relâmpago,
e descendo na chuva.
Você verá Deus sorrindo nas flores,
e crescendo e agitando as mãos nas árvores.

Enterrando eus mortos

Certa vez, quando eu estava enterrando um dos meus eus mortos, o coveiro se aproximou e disse:

— De todos que vêm aqui para enterrar, só gosto de você.

Lhe perguntei então:

— Isso é uma grande satisfação, mas por que gosta de mim?

— Porque — disse ele — os outros vêm chorando e vão embora chorando; e só você vem rindo e vai embora rindo.

Abrir mão de um reino

Disseram-me que em uma floresta nas montanhas vivia um jovem, em solidão, que já fora rei de um vasto país além dos *Dois Rios**. E também me disseram que ele, por vontade própria, deixara seu trono e a terra de sua glória e fora viver no deserto.

E eu disse:

— Vou procurar esse homem e aprender o segredo de seu coração. Pois quem renuncia a um reino precisa ser maior que um reino.

Nesse mesmo dia, fui à floresta onde ele vivia. Encontrei-o sentado sob um cipreste branco, e na mão segurava um bambu como se fosse um cetro. Cumprimentei-o como saudaria a um rei. E ele se voltou para mim e disse com gentileza:

— O que faz nesta floresta de serenidade? Procura um eu perdido nas sombras verdes, ou está voltando para casa no crepúsculo de sua vida?

E eu respondi:

— Procuro somente por você, pois gostaria de saber o que o fez trocar um reino por uma floresta.

---

* Tigre e Eufrates.

E ele disse:

— Breve é a minha história, pois súbito foi o estouro da bolha. Aconteceu assim: um dia, enquanto estava sentado a uma janela de meu palácio, meu camareiro e o enviado de uma terra estrangeira estavam andando no meu jardim. E quando se aproximaram de minha janela, ouvi o camareiro falar de si mesmo: "Eu sou como o rei. Tenho sede de vinho forte e fome de todos os jogos de azar. E como meu senhor, o rei, tenho temperamento tempestuoso." E o camareiro e o enviado desapareceram entre as árvores. Mas em poucos minutos voltaram e, dessa vez, o camareiro falava de mim e dizia: "Meu senhor, o rei, é como eu; um bom atirador. E como eu, ama música e toma banho três vezes ao dia,"

Depois de um momento, ele acrescentou:

— Ao anoitecer desse mesmo dia deixei meu palácio com apenas minha vestimenta, pois não seria mais governante daqueles que assumem meus vícios e atribuem a mim suas virtudes.

E eu disse:

— Isso é, de fato, impressionante, e muito estranho.

E ele respondeu:

— Não, meu amigo. Você bateu na porta dos meus silêncios e recebeu apenas um pouco. Pois quem não trocaria um reino por uma floresta, onde as estações cantam e dançam incessantemente? Muitos são os que deram seu reino por menos que a solidão e a doce comunhão com ela. Incontáveis são as águias que descem do ar acima para viver com toupeiras e conhecer os segredos da terra.

Há aqueles que renunciam ao reino dos sonhos para não parecerem distantes dos que não sonham. E há aqueles que renunciam ao reino da nudez e cobrem sua alma para que os outros não se envergonhem de ver a verdade descoberta e a beleza desvelada. E ainda mais que todos esses, há aqueles que renunciam ao reino do sofrimento para não parecerem orgulhosos e vaidosos.

Então, levantando-se, ele se apoiou em seu bambu e disse:

— Vá agora para a cidade grande e sente-se ao portão. E observe todos aqueles que entrarem e saírem. Então você encontrará aquele que, apesar de ter nascido rei, não tem reino. E aquele que, apesar de governado na carne, governa em espírito, embora nem ele nem seus súditos saibam disso. E também aquele que parece governar, mas, na verdade, é escravo de seus próprios escravos.

Depois de dizer essas coisas, ele sorriu para mim, e havia mil auroras em seus lábios. Então, ele se voltou e se dirigiu ao coração da floresta.

E voltei para a cidade e me sentei ao portão para observar os transeuntes, como ele me havia dito.

E desde aquele dia, inúmeros são os reis cujas sombras passaram por mim, e poucos são os súditos sobre os quais minha sombra passou.

POSSES

Quais são suas posses,
senão as coisas que você guarda
por medo de precisar delas amanhã?

E amanhã... o que trará o amanhã
ao tão prudente cão
que enterra ossos na areia
enquanto segue os peregrinos para a cidade santa?

E o que é medo da necessidade senão necessidade em si?
Temer a sede quando seu poço está cheio
não é uma sede insaciável?

Tesouro

Cave em qualquer lugar da terra
e você encontrará um tesouro;
só precisa cavar
com a fé de um camponês.

O VALOR DO TEMPO

Consideram-me louco porque
não vendo meus dias por ouro.
E eu os considero loucos porque
acham que meus dias têm um preço.

Eles espalharam diante de nós suas riquezas
de ouro e prata, de marfim e ébano,
e nós espalhamos diante deles
nosso coração e nosso espírito.

E ainda assim,
eles se julgam os anfitriões,
e nós, os convidados.

Com os sentidos
continuamente renovados

Um filósofo descreve Jesus:

Quando ele estava conosco, nos olhava e olhava nosso mundo com olhos de admiração, pois seus olhos não estavam cobertos pelo véu de anos, e tudo que ele via era claro à luz de sua juventude.

Embora ele conhecesse a profundidade da beleza, sempre se surpreendia com sua paz e majestade. E se colocava diante da terra como o primeiro homem se colocara diante do primeiro dia.

Nós, cujos sentidos foram embotados, olhamos em plena luz do dia e mesmo assim não vemos. Tentamos ouvir com as mãos em concha nas orelhas, mas não escutamos; e estendemos as mãos, mas não tocamos. E mesmo que todo o incenso da Arábia seja queimado, seguimos nosso caminho e não sentimos cheiro.

Não vemos o lavrador retornando de seu campo ao entardecer, nem ouvimos a flauta do pastor quando ele leva seu rebanho ao redil. Nem esticamos os braços para tocar no pôr do sol, e nossas narinas não mais sentem fome das rosas de Saron.

Não, nós não honramos reis sem reinos, nem ouvimos o som de harpas, exceto quando as cordas são arrancadas pelas mãos. Nem vemos uma criança brincando em nosso olival como se fosse uma jovem oliveira. E todas as palavras precisam surgir dos lábios de carne, senão, nós nos consideramos mudos e surdos.

Na verdade, olhamos, mas não vemos; e ouvimos, mas não escutamos. Comemos e bebemos, mas não sentimos o gosto.

E aí reside a diferença entre Jesus de Nazaré e nós mesmos.

Seus sentidos eram continuamente renovados, e o mundo para ele sempre era um novo mundo.

Para ele, o ceceio de um bebê não era menos que o grito de toda a humanidade, ao passo que para nós é apenas ceceio.

Para ele, o broto de um botão-de-ouro era um anseio por Deus, ao passo que para nós não é mais que um broto.

Trabalho é amor

Você trabalha para acompanhar o ritmo e a alma da terra.

Pois ser ocioso é se tornar um estranho para as estações e sair da procissão da vida, que marcha em majestosa e orgulhosa submissão rumo ao infinito.

Quando trabalha, você é uma flauta em cujo coração o sussurro das horas se transforma em música.

Quando trabalha, você realiza uma parte do sonho mais distante da terra, que lhe foi atribuído quando esse sonho nasceu.

E sempre trabalhando, na verdade, você está amando a vida, e amar a vida por meio do trabalho é ser íntimo do mais íntimo segredo da vida.

Não é durante o sono, e sim na vigília do meio-dia, que o vento fala com os gigantescos carvalhos com tanta doçura quanto com a menor folha de grama.

E ele é a grandeza que transforma a voz do vento em uma canção suavizada por seu próprio amor.

Trabalho é o amor se tornando visível.

Construtores
de pontes

Na Antioquia, onde o rio Orontes corre para encontrar o mar, foi construída uma ponte para aproximar as duas metades da cidade. Foi construída com grandes pedras das colinas, transportadas nas costas das mulas de Antioquia.

Quando terminaram a ponte, em uma coluna gravaram em grego e aramaico: "Esta ponte foi construída pelo rei Antíoco II."

E todo o povo atravessou a bela ponte sobre o belo rio Orontes.

E certa noite, um jovem, considerado por alguns um tanto louco, desceu até o pilar onde estavam gravadas as palavras, cobriu-as com carvão e por cima escreveu:

"As pedras desta ponte foram trazidas das montanhas pelas mulas. Ao passar de um lado para o outro, você cavalga sobre as costas das mulas da Antioquia, construtoras desta ponte."

E quando as pessoas leram o que o jovem havia escrito, algumas riram e outras ficaram maravilhadas. E algumas disseram: "Ah, nós sabemos quem fez isso. Ele é meio louco."

Mas, rindo, uma mula disse a outra: "Lembra que nós carregamos aquelas pedras? E, até agora, dizem que a ponte foi construída pelo rei Antíoco."

Renome

Seja grato por não ter que viver
sob o renome de um pai ou a riqueza de um tio.
Mas, acima de tudo, seja grato
por ninguém ter que viver sob
seu renome ou sua riqueza.

A VIDA É UMA PROCISSÃO

A vida é uma procissão.
O pé lento a considera muito rápida e sai.
E o pé rápido a considera muito lenta,
e também se afasta.

Canção da humanidade

Eu estava aqui
no começo,
e aqui estou ainda.
E ficarei aqui
até o fim do mundo,
pois não há fim
para meu ser aflito.

Eu vaguei pelo céu infinito
e me elevei ao mundo ideal,
e flutuei pelo firmamento.
Mas aqui estou,
prisioneiro da medição.

Eu ouvi os ensinamentos de Confúcio.
Eu escutei a sabedoria de Brahma.
Sentei-me ao lado de Buda sob a árvore do conhecimento.
Mas aqui estou,
existindo com ignorância e heresia.

Eu estive no Sinai quando Jeová se aproximou de Moisés.
Eu vi os milagres do Nazareno no Jordão.
Eu estive em Medina quando Maomé a visitou.
Mas aqui estou,
prisioneiro da perplexidade.

E eu testemunhei o poder da Babilônia.
Eu soube da glória do Egito.
Eu vi a beligerante grandeza de Roma.
No entanto, meus ensinamentos anteriores
mostraram a fraqueza e a tristeza
dessas conquistas.

Eu conversei com os magos de Aïn Dour.
Eu debati com os sacerdotes da Assíria.
Eu colhi profundidade dos profetas da Palestina.
No entanto, ainda estou buscando a verdade.

Eu reuni sabedoria na tranquila Índia.
Eu explorei a antiguidade da Arábia.
Eu ouvi tudo que pode ser ouvido.
No entanto, meu coração é surdo e cego.

Eu sofri nas mãos de governantes despóticos.
Eu sofri a escravidão sob invasores insanos.
Eu sofri a fome imposta pela tirania.
No entanto, ainda possuo poder interior,
com o qual me esforço para receber cada dia.

Minha mente está cheia, mas meu coração está vazio.
Meu corpo é velho, mas meu coração é uma criança.
Talvez na juventude meu coração cresça,
mas eu rezo para envelhecer e que chegue
o momento de meu retorno a Deus.
Só então meu coração estará pleno!

Eu estava aqui
no começo,
e aqui estou ainda.
E ficarei aqui
até o fim do mundo,
pois não há fim
para meu ser aflito.

O CANTO NO SILÊNCIO

A vida canta em nossos silêncios
e sonha em nosso repouso.
Mesmo quando estamos abatidos e pra baixo,
a vida é sublime e alta.
E quando choramos,
a vida sorri ao dia
e é livre mesmo
quando arrastamos nossas correntes.

Pudor

Suas roupas escondem muito de sua beleza, mas não escondem o que não é bonito.

E embora você veja a liberdade da privacidade nas roupas, pode encontrar nelas um arnês e uma corrente.

Você poderia sentir o sol e o vento com mais pele e menos roupas. Pois o sopro da vida está na luz do sol, e a mão da vida está no vento.

Alguns dizem: "É o vento norte que tece as roupas que vestimos."

Mas a vergonha era seu tear, e o amolecimento dos tendões era seu fio. E quando seu trabalho terminou, ele riu na floresta.

Não esqueça que tal pudor é um escudo contra o olho do imundo.

E quando o imundo não existir mais, o que será o pudor senão um grilhão e a sordidez da mente?

E não esqueça de que a terra se deleita ao sentir os pés descalços, e os ventos anseiam por brincar com os cabelos.

ENTRE

Eu estou sempre andando nestas praias,
entre a areia e a espuma.
A maré alta vai apagar minhas pegadas,
e o vento soprará a espuma.
Mas o mar e a costa
permanecerão para sempre.

Ignorância

Eu sou ignorante da verdade absoluta.
Mas sou humilde diante de minha ignorância,
e aí reside minha honra e minha recompensa.

Quando você encontra um amigo

Quando encontrar seu amigo na estrada ou no mercado
deixe que o espírito em você mova seus lábios e
    direcione sua língua.
Deixe que a voz dentro de sua voz fale ao ouvido dele.
Pois a alma dele guardará a verdade de seu coração,
como lembramos o sabor do vinho
quando já esquecemos sua cor
e a taça não existe mais.

Estranhos para a vida

Meu amigo, você e eu continuaremos
estranhos para a vida,
e um para o outro,
e cada um para si mesmo,
até o dia em que você fale
e eu escute,
julgando sua voz minha própria voz;
e quando eu estiver diante de você,
pensando-me parado diante de um espelho.

Dizem-me:
"Se você se conhecesse,
conheceria todas as pessoas."
E eu digo:
"Somente quando eu buscar em todas as pessoas
é que me conhecerei."

A VIDA É UMA RESOLUÇÃO

A vida é uma resolução que acompanha a juventude
e uma diligência que se segue à maturidade,
e uma sabedoria que persegue a senilidade.

O conhecimento é uma luz
que enriquece o calor da vida,
e todos que a buscam podem fazer parte dela.

A humanidade é um rio brilhante
cantando seu caminho e levando consigo
os segredos das montanhas
para o coração do mar.

O espírito é uma sagrada tocha azul
queimando e devorando as plantas secas
e crescendo com a tempestade,
e iluminando o rosto das deusas.

Anseio

Aquele que mais anseia
vive mais tempo.

Aos americanos filhos de imigrantes provenientes do Oriente Médio (1926)

Eu acredito em vocês e acredito em seu destino.

Eu acredito que vocês são contribuintes para essa nova civilização.

Eu acredito que vocês herdaram de seus antepassados um sonho antigo, uma canção, uma profecia, que podem com orgulho pôr no colo da América como um presente de gratidão.

Eu acredito que vocês podem dizer aos fundadores desta grande nação: "Aqui estou eu, um jovem, uma árvore jovem cujas raízes foram arrancadas das montanhas do Líbano, mas estou profundamente enraizado aqui, e serei frutífero."

E acredito que podem dizer a Abraham Lincoln, o abençoado: "Jesus de Nazaré tocou seus lábios quando você falou, e guiou sua mão quando escreveu. E eu defenderei tudo que você disse e tudo que escreveu."

Eu acredito que vocês podem dizer a Emerson, Whitman e James: "Em minhas veias corre o sangue dos poetas e sábios do passado, e é meu desejo ir até vocês e receber; mas eu não irei de mãos vazias."

Eu acredito que assim como seus antepassados vieram a esta terra para produzir riquezas, vocês nasceram aqui para produzir riquezas pela inteligência, pelo trabalho.

E acredito que está em vocês ser bons cidadãos.

E o que é ser um bom cidadão?

É reconhecer os direitos do outro antes de afirmar os seus, mas sempre ter consciência dos seus.

É ser livre em pensamentos e ações, mas saber que sua liberdade está sujeita à liberdade do outro.

É criar o que é útil e belo com suas próprias mãos e admirar o que os outros criaram com amor e fé.

É produzir riqueza por meio do trabalho e somente pelo trabalho, e gastar menos do que produzir, para que seus filhos não dependam do Estado quando vocês não estiverem mais aqui.

É colocar-se diante das torres de Nova York, Washington, Chicago e São Francisco e dizer com o coração: "Eu sou o descendente de um povo que construiu Damasco e Biblos, Tiro, Sídon e Antioquia, e agora estou aqui para construir com vocês, e com determinação."

É ter orgulho de ser americano, mas também se orgulhar de que seus pais e mães provêm de uma terra na qual Deus pousou sua mão graciosa e cultivou seus mensageiros.

Jovens americanos de origem síria, eu acredito em vocês.

4

Estações da Vida

A vida pulsa nos ritmos que encontramos nas revoluções do dia e da noite, na mudança das estações e no bater de nosso próprio coração.

Mudar com as estações

As montanhas, as árvores e os rios mudam de aparência com as vicissitudes dos tempos e das estações, assim como nós mudamos com as experiências e as emoções.

O alto álamo que parece uma noiva durante o dia parecerá uma coluna de fumaça à noite.

A imensa rocha inexpugnável ao meio-dia parecerá um miserável à noite, com a terra como seu leito e o céu como teto.

E o riacho que vemos brilhar de manhã e que ouvimos cantar o hino da eternidade, à noite se transformará em uma torrente de lágrimas que chora como uma mãe despojada de seu filho.

E o Líbano, que parecia digno uma semana antes quando a lua era cheia e nosso espírito estava feliz, parecia triste e solitário naquela noite.

Não há milagre por trás das estações

Disse um astrônomo acerca de Jesus:

Você me pergunta sobre os milagres de Jesus.

A cada milhão de anos, o sol, a lua, esta Terra e todos os seus planetas irmãos se encontram em linha reta, e conversam por um momento.

Então, lentamente se dispersam e aguardam a passagem de mais um milhão de anos.

Não há milagre por trás das estações, mas você e eu não conhecemos todas elas.

E se uma estação se manifestar na forma de um ser humano?

Em Jesus, os elementos de nosso corpo e nossos sonhos se uniram segundo a lei. Tudo que era atemporal diante dele se tornou cheio de tempo nele.

Dizem que ele deu visão aos cegos e capacidade de andar ao paralítico, e que expulsou os demônios dos loucos.

Talvez a cegueira seja apenas um pensamento sombrio que pode ser vencido por um pensamento ardente.

Talvez um membro ressequido seja apenas ociosidade, que pode ser acelerada pela energia.

E talvez os demônios, esses elementos inquietos de nossa vida, sejam expulsos pelos anjos da paz e da serenidade.

Dizem que ele ressuscitou os mortos. Se você for capaz de me dizer o que é a morte, eu lhe direi o que é a vida.

Em um campo, observei uma bolota, uma coisa tão parada e aparentemente inútil. E na primavera, vi que a bolota se enraizara e subira — o início de um carvalho — em direção ao sol.

Certamente você consideraria isso um milagre; mas tal milagre ocorre milhões de vezes na sonolência do outono e na paixão da primavera.

Por que não aconteceria no coração de um ser humano? Acaso as estações não se encontram na mão ou nos lábios de um ungido?

Se nosso Deus deu à terra a arte de aninhar sementes enquanto elas estão aparentemente mortas, por que não daria ao coração de um ser humano a arte de dar vida a outro coração, mesmo a um aparentemente morto?

Venho falando desses milagres que considero pequenos se comparados ao milagre maior, que é o próprio homem, o Viajante, o homem que transformou minha escória em ouro, que me ensinou a amar aqueles que me odeiam e, ao fazê-lo, me confortou e deu bons sonhos a meu sono.

Esse é o milagre de minha vida.

Minha alma era cega, minha alma era manca. Eu estava possuído por espíritos inquietos e estava morto.

Mas, agora, vejo claramente e ando ereto. Estou em paz e vivo para testemunhar e proclamar meu próprio ser a cada hora do dia.

E eu não sou um dos seus seguidores. Sou apenas um velho astrônomo que visita os campos do espaço uma vez a cada estação e está atento à lei e a seus milagres.

E estou no crepúsculo de meu tempo, mas sempre que procuro o alvorecer, procuro a juventude de Jesus.

E para sempre a velhice procurará a juventude.

Em mim, agora, é o conhecimento que busca visão.

Juventude e conhecimento

Não se pode ter a juventude
e o conhecimento
ao mesmo tempo.
Pois a juventude está ocupada demais vivendo
para conhecer,
e o conhecimento está ocupado demais
buscando a si mesmo
para viver.

Estações

O que são as estações dos anos
senão seus próprios pensamentos mudando?
A primavera é um despertar em seu peito,
e o verão, apenas o reconhecimento de sua própria
    fertilidade.
Não é outono o antigo em você cantando uma canção
    de ninar
àquela que ainda é uma criança em seu ser?
E o que é, eu lhe pergunto, o inverno, senão
dormir muito com os sonhos
de todas as outras estações?

Outono e primavera

No outono, juntei todas as minhas tristezas e as enterrei em meu jardim.

E quando abril voltou e a primavera chegou para se casar com a terra, brotaram em meu jardim lindas flores, diferentes de todas as outras.

E meus vizinhos apareceram para contemplá-las, e todos me disseram:

"Quando o outono voltar, no tempo da semeadura, você nos daria as sementes dessas flores para que as possamos ter em nossos jardins?"

TEMPO

Do tempo você faria um rio
em cuja margem se sentaria
e observaria seu fluxo.

Mas o intemporal que há em você
está ciente da atemporalidade da vida
e sabe que ontem
é apenas a memória de hoje,
e amanhã é o sonho de hoje.
E aquilo que canta e
contempla em você ainda vive
dentro dos limites daquele primeiro momento
que espalhou as estrelas no espaço.

Mas se em seu pensamento
precisar medir o tempo das estações,
deixe que cada uma cerque todas as outras estações,
e deixe o hoje abraçar
o passado com lembranças
e o futuro com saudades.

ESTAÇÕES DA VIDA

TODAS AS SUAS HORAS SÃO ASAS

Acaso a religião não são todos os atos e toda reflexão,
e aquilo que não é ato nem reflexão,
e sim uma maravilha e uma surpresa
sempre brotando da alma,
mesmo enquanto as mãos cortam a pedra
ou trabalham no tear?

Quem pode separar a fé das ações,
ou a crença de suas ocupações?
Quem pode espalhar suas horas diante de si, dizendo:
"Isto é para Deus e isto para mim mesmo.
Isto é para minha alma
e isto para meu corpo?"

Todas as suas horas
são asas que atravessam o espaço
de si para si mesmo.

Seja o escuro

Quando a noite chegar e você também estiver escuro,
deite-se e seja escuro com determinação.
E quando a manhã chegar e você ainda estiver escuro,
levante-se e diga ao dia com determinação:
"Ainda estou escuro."
É bobagem representar um papel diante da noite e do dia.
Ambos ririam de você.

Dia e noite

Você cresce durante o sono e vive sua vida plena em seus sonhos.

Pois todos os seus dias são passados em ação de graças por aquilo que você recebeu na quietude da noite.

Muitas vezes, você pensa na noite como a estação do descanso, mas, na verdade, ela é a estação de busca e descoberta.

O dia lhe dá o poder do conhecimento e ensina seus dedos, para que se tornem versados na arte de receber.

Mas é a noite que o leva ao tesouro da vida.

O sol ensina a todas as coisas que crescem seu anseio pela luz.

Mas é a noite que as eleva às estrelas.

Incubação

Talvez, para o mar,
a definição da concha
seja a pérola.
Talvez, para o tempo,
a definição do carvão
seja o diamante.

A MARÉ DA RESPIRAÇÃO

Aquilo que parece mais frágil e confuso em você é o mais forte e determinado.

Não foi sua respiração que tornou ereta e endureceu a estrutura de seus ossos?

Se pudesse apenas ver a maré dessa respiração, você deixaria de ver todo o resto.

Não há costa sem o eu

Foi ontem que
você se movia ao movimento do mar,
sem costa e sem um eu.

Então o vento, o sopro da vida,
um véu de luz no rosto dela, o envolveu.
Então, com sua mão ela juntou você
e lhe deu forma,
e com a cabeça erguida,
você buscou as alturas.

Mas o mar seguiu seu encalço,
e a música da vida ainda está contigo.

DEFEITOS

Se eu fosse você,
não procuraria defeitos
no mar
na maré baixa.

Todos os anos, eu esperava a primavera...

Raquel, uma discípula de Jesus, disse:

Muitas vezes me pergunto se Jesus era um homem de carne e osso como nós, ou se era um pensamento sem corpo, na mente, ou uma ideia que visitou a visão da humanidade.

Muitas vezes me parece que ele era apenas um sonho sonhado por inúmeros homens e mulheres ao mesmo tempo, em um sono mais profundo que o sono, e um amanhecer mais sereno do que qualquer amanhecer.

E parece que ao relacionar os sonhos uns dos outros, começamos a considerá-lo uma realidade que de fato ocorreu. E dando-lhe um corpo de nossa fantasia e uma voz de nosso desejo, nós o tornamos uma substância de nossa própria substância.

Mas, na verdade, ele não foi um sonho. Nós o conhecemos durante três anos e o contemplamos com nossos olhos abertos na maré alta do meio-dia.

Tocamos suas mãos e o seguimos de um lugar a outro. Ouvimos seus discursos e testemunhamos seus atos. Acha que éramos um pensamento em busca de mais pensamento, ou um sonho na região dos sonhos?

Grandes eventos sempre parecem estranhos para nossa vida diária, mesmo que sua natureza esteja enraizada na nossa. Mas, embora pareça repentina sua chegada e repentina sua passagem, seu verdadeiro alcance dura anos e gerações.

Jesus de Nazaré foi ele mesmo o Grande Evento. Aquele homem cujo pai, mãe e irmãos nós conhecemos foi ele mesmo um milagre formado na Judeia. Sim, todos os seus milagres, se empilhados a seus pés, não chegariam à altura de seus tornozelos.

E todos os rios de todos os anos não levarão embora nossa lembrança dele.

Ele era uma montanha ardente durante a noite, e um brilho suave além das colinas. Ele era uma tempestade no céu, e um murmúrio na bruma ao amanhecer.

Ele era uma torrente que corria das alturas para as planícies para destruir tudo em seu caminho. E ele era como o riso das crianças.

Todos os anos, eu esperava a primavera para visitar este vale. Eu esperava pelos lírios e pelo cíclame, e todo ano minha alma se entristecia dentro de mim. Pois eu sempre ansiava me alegrar com a primavera, mas não conseguia.

Mas quando Jesus chegou a minhas estações ele foi, de fato, uma primavera, e nele estava a promessa de todos os anos vindouros. Ele encheu meu coração de alegria, e como as violetas eu floresci, uma coisa tímida, à luz de sua vinda.

E agora, as estações mutáveis dos mundos que ainda não são nossos não apagarão seu encanto deste nosso mundo.

Não, Jesus não era um fantasma nem uma concepção dos poetas. Ele era homem como você e eu. Mas só para ver, tocar e ouvir. Em todas as outras formas, ele era diferente de nós.

Ele era um homem de alegria, e foi no caminho da alegria que conheceu as tristezas de todos. E foi dos altos telhados de suas tristezas que ele contemplou a alegria de todos.

Ele tinha visões que nós não tínhamos e ouvia vozes que não ouvíamos. E ele falava como se estivesse diante de multidões invisíveis, e muitas vezes falava através de nós, a raças ainda não nascidas.

E Jesus estava frequentemente sozinho. Ele estava entre nós, mas não uno conosco. Ele estava na Terra, mas era do céu. E somente em nossa solidão podemos visitar a terra de sua solidão.

Ele nos amou com amor suave. Seu coração era um lagar. Você e eu poderíamos nos aproximar com uma xícara e beber nele.

Uma coisa eu não entendia em Jesus: ele se alegrava com seus ouvintes. Contava pilhérias, brincava com as palavras e ria com a plenitude de seu coração, mesmo quando havia distâncias em seus olhos e tristeza em sua voz. Mas eu entendo agora.

Muitas vezes, penso na Terra como uma mulher carregando seu primeiro filho. Quando Jesus nasceu, ele foi a primeira criança. E quando morreu, foi o primeiro homem a morrer.

Acaso não lhe pareceu que a Terra estava calma naquela sexta-feira negra, e os céus estavam em guerra com os céus?

E você não sentiu quando o rosto dele desapareceu de nossa vista, como se fôssemos nada mais que lembranças na névoa?

ESTAÇÕES DA VIDA

5

Vida paradoxal

Nas contradições e paradoxos da vida, descobrimos
a unidade de toda a vida, uma unidade refletida
na experiência de singularidade da alma.

A VIDA VEM ANDANDO

E a vida é velada e oculta, assim como seu eu maior é oculto e velado.

No entanto, quando a vida fala, todos os ventos se tornam palavras.

E quando ela fala de novo, os sorrisos em seus lábios e as lágrimas em seus olhos se transformam em palavras.

Quando ela canta, os surdos ouvem e são abraçados.

E quando ela vem andando, os cegos a contemplam e ficam maravilhados, e a seguem, fascinados e atônitos.

CONVERSA

Na verdade, falamos apenas com nós mesmos,
mas, às vezes, falamos alto o bastante
para que os outros nos escutem.

Um conto de dois contos

Certa noite, um homem e uma mulher se encontraram em uma carruagem. Já se conheciam.

O homem era um poeta e, sentado ao lado da mulher, procurava entretê-la com histórias, algumas de sua própria criação e outras que não eram suas.

Mas, enquanto ele falava, a mulher adormeceu. Então, de repente, a carruagem sacudiu e ela acordou e disse:

— Admiro sua interpretação da história de Jonas e a baleia.

E disse o poeta:

— Mas, madame, eu estava contando uma história minha, sobre uma borboleta e uma rosa branca, e como se comportavam uma com a outra!

Confissão

Se todos confessássemos nossos pecados aos outros,
riríamos uns dos outros
por tanta falta de originalidade.

Se todos nós revelássemos nossas virtudes,
também riríamos
pelo mesmo motivo.

Ontem e hoje

O acumulador de ouro passeava no parque de seu palácio, e com ele passeavam seus problemas. E sobre sua cabeça pairavam preocupações, como um abutre paira sobre uma carcaça; até que chegou a um belo lago cercado por magníficas estátuas de mármore.

Ele se sentou ali, ponderando sobre a água que jorrava da boca das estátuas como pensamentos fluindo livremente da imaginação de um amante. E ele contemplava seu palácio, que ficava no topo de uma colina como uma marca de nascença na face de uma donzela.

Sua fantasia lhe revelou as páginas do drama de sua vida, e ele as leu com lágrimas que velavam seus olhos e o impediam de ver os frágeis acréscimos da humanidade à natureza.

Com pungente arrependimento, ele olhou para trás, para as imagens de seu passado, entrelaçadas pelos deuses formando padrões, até que não conseguiu mais controlar sua angústia. Então, disse em voz alta:

— Ontem eu estava pastoreando minhas ovelhas no vale verde, usufruindo minha existência, tocando minha flauta e mantendo a cabeça erguida. Hoje, sou prisioneiro da ganância. O ouro leva ao ouro, depois à inquietude, e, por fim, à miséria esmagadora.

"Ontem eu era como um pássaro cantando, voejando livremente nos campos. Hoje, sou um escravo da riqueza volúvel, das regras da sociedade, dos costumes da cidade. Compro amigos e agrado às pessoas conformando-me às estranhas e restritas leis da humanidade. Eu nasci para ser livre e para desfrutar da generosidade da vida, mas me vejo como um animal de carga, tão carregado de ouro que as costas estão se partindo.

"Onde estão as vastas planícies, os riachos cantantes, a brisa pura, a proximidade da natureza? Onde está minha divindade? Eu perdi tudo! Nada sobrou, apenas a solidão que me entristece, o ouro que me ridiculariza, escravos que me amaldiçoam pelas costas e um palácio que erigi como túmulo para minha felicidade, e em cuja grandeza perdi meu coração.

"Ontem eu vagava pelas pradarias e colinas com a filha do beduíno. A virtude era nossa companheira, o amor nosso deleite, e a lua nossa guardiã. Hoje, vivo entre mulheres de beleza superficial que se vendem por ouro e diamantes.

"Ontem eu não tinha preocupações, compartilhava com os pastores toda a alegria da vida — comendo, tocando, trabalhando, cantando e dançando juntos ao som da música da verdade do coração. Hoje, eu me encontro entre as pessoas como um cordeiro assustado entre os lobos. Enquanto caminho pelas estradas, elas me olham com olhos cheios de ódio e apontam para mim com desprezo e inveja, e enquanto atravesso o parque pisando em ovos, vejo rostos carrancudos ao meu redor.

"Ontem eu era rico em felicidade, e hoje sou pobre com ouro.

"Ontem fui um feliz pastor cuidando do meu rebanho como um rei misericordioso cuida com prazer de seus súditos satisfeitos. Hoje, sou um escravo diante de minha riqueza; a riqueza que me roubou a beleza da vida que conheci um dia.

"Perdoe-me, meu juiz! Eu não sabia que a riqueza faria de minha vida fragmentos e me conduziria às masmorras da aspereza e estupidez. Aquilo que eu pensava que era glória não é mais que um inferno eterno."

Ele se levantou, cansado, e caminhou lentamente em direção ao palácio, suspirando e repetindo:

— Isso é o que as pessoas chamam de riqueza? É esse o deus a quem estou servindo e adorando? É isso que quero da terra? Por que não posso trocar tudo isso por uma partícula de contentamento? Quem me venderia um belo pensamento por uma tonelada de ouro? Quem trocaria um momento de amor por um punhado de pedras preciosas? Quem me daria um olho que pode ver o coração dos outros em troca de tudo que há em meus cofres?

Ao chegar aos portões do palácio, ele se voltou e olhou para a cidade como Jeremias olhava para Jerusalém. Ergueu os braços em um lamento e gritou:

— Oh, povo da cidade barulhenta, que vive na escuridão, correndo para a miséria, pregando a falsidade e falando com estupidez! Até quando permanecerão ignorantes? Até quando permanecerão na imundície da vida e continuarão a abandonar seus jardins? Por que usar suas vestes esfarrapadas de estreiteza se o traje de seda da beleza da natureza foi feito para vocês? O lampião da sabedoria está se extinguindo; é hora de abastecê-lo com óleo. A casa da verdadeira fortuna está sendo destruída. É hora de reconstruí-la e vigiá-la. Os ladrões da ignorância roubaram o tesouro da paz de vocês. É hora de retomá-lo!

Nesse momento, um homem pobre parou diante dele e estendeu a mão pedindo esmola. Quando ele olhou para o mendigo, abriu os lábios; seus olhos brilharam com suavidade e seu rosto irradiou bondade. Era como se o ontem pelo qual se lamentara perto do lago surgisse para cumprimentá-lo. Ele abraçou o pobre com carinho e encheu suas mãos de ouro. E com uma voz sincera cheia da doçura do amor, disse:

— Volte amanhã e traga consigo seus companheiros sofredores. Todas as suas posses serão restauradas.

Ele entrou em seu palácio, dizendo:

— Tudo na vida é bom, até mesmo o ouro, pois nos ensina uma lição.

"O dinheiro é como um instrumento de cordas. Quem não o souber usar corretamente, só ouvirá música dissonante.

"O dinheiro é como o amor; mata lenta e dolorosamente aquele que o retém, e alenta àquele que o verte em seus semelhantes."

Presentes da terra

Para você a terra produz seu fruto, e você não o irá querer se não souber como encher suas mãos.

É na troca dos presentes da terra que você encontrará abundância e ficará satisfeito.

Mas a menos que a troca seja em amor e gentil justiça, só levará alguns à ganância e outros à fome.

Dar e receber

Você é bom quando se esforça para se entregar.

Mas não é mau quando procura obter ganhos para si mesmo.

Pois quando se esforça para receber, você é apenas uma raiz que se agarra à terra e suga seu seio.

Certamente o fruto não pode dizer à raiz: "Seja como eu, maduro e pleno, e sempre dando sua abundância."

Para o fruto, dar é uma necessidade, assim como receber é uma necessidade para a raiz.

Alto e baixo

Mas eu digo que assim como os santos e os justos não podem se erguer além do mais alto que há em cada um de vocês, assim os maus e os fracos não podem cair mais baixo que o que há de mais baixo em vocês também.

E como nenhuma folha fica amarela sem o conhecimento silencioso de toda a árvore, assim o malfeitor não pode cometer um erro sem a vontade oculta de todos vocês.

Como uma procissão, vocês caminham em direção a seu próprio deus.

Vocês são o caminho e os viajantes.

Busca

Eles me dizem: "Um pássaro na mão vale dez no mato."

Mas eu digo: "Um pássaro e uma pena no mato valem mais que dez pássaros na mão."

Sua busca por essa pena é a vida com os pés alados — ou melhor, é a própria vida.

LIBERDADE

E disse um orador: "Fale-nos sobre a liberdade."

E ele respondeu:

No portão da cidade e ao pé do fogo, vi vocês se prostrarem e adorarem sua própria liberdade, enquanto os escravos se humilham diante de um tirano e o louvam, embora ele os mate.

Sim, no bosque do templo e à sombra da cidadela, tenho visto o mais livre de vocês usar sua liberdade como um jugo e um par de algemas.

E meu coração sangra dentro de mim, pois vocês só poderão ser livres quando até mesmo o desejo de buscar a liberdade se tornar um arreio, e quando deixarem de falar da liberdade como um objetivo e uma realização.

Vocês serão realmente livres quando seus dias não forem livres de uma preocupação nem suas noites livres de um desejo e um pesar, mas sim quando estas coisas cingirem sua vida e, ainda assim, vocês se elevarem acima delas, nus e sem amarras.

E como se elevarão além de seus dias e noites se não quebrarem as correntes que vocês mesmos, no alvorecer de sua compreensão, puseram em torno de seu meio-dia?

Na verdade, o que vocês chamam de liberdade é a mais forte dessas correntes, mesmo que seus elos brilhem ao sol e ofusquem seus olhos.

E o que vocês descartariam para se libertar, senão fragmentos de seu próprio eu?

Se fosse uma lei injusta que vocês aboliriam, tal lei foi escrita com sua própria mão em sua própria testa.

Vocês não a podem apagar queimando seus livros de leis nem lavando a testa de seus juízes, mesmo que derramem o mar sobre eles.

E se fosse um déspota que vocês destronariam, assegurem-se primeiro de que o trono erguido dentro de vocês seja destruído.

Pois como pode um tirano governar os livres e os orgulhosos senão por meio de uma tirania sobre a liberdade deles e uma vergonha sobre seu orgulho?

E se fosse uma preocupação que vocês abandonariam, essa preocupação foi escolhida por vocês, não imposta.

E se fosse um medo que vocês dissipariam, a sede de tal medo está em seu coração, e não nas mãos do temido.

Na verdade, tudo se move dentro de seu ser em constante meio abraço, o desejado e o temido, o repugnante e o estimado, o perseguido e aquele de quem vocês tentam escapar.

Essas coisas se movem dentro de vocês como luzes e sombras, em pares que se abraçam.

E quando a sombra se desvanece e deixa de existir, a luz que permanece se torna uma sombra para outra luz.

E assim, sua liberdade quando perde seus grilhões, torna-se o grilhão de uma liberdade maior.

LIMITES

Quando chegar ao fim
do que deveria saber,
você estará no começo
do que deveria sentir.

Olhos de coruja

A coruja, cujos olhos noturnos
são cegos durante o dia,
não pode desvendar o mistério da luz.
Se você contemplar o espírito da morte,
abra bem seu coração ao corpo da vida.
Pois a vida e a morte são uma,
assim como o rio e o mar são um só.

Vozes

Eu disse à Vida:
"Eu ouvi a Morte falar."
E a Vida levantou a voz, falando mais alto, e disse:
"Você a está ouvindo agora."

Oceano e espuma

Disseram-lhe que como uma corrente, você é tão fraco quanto seu elo mais fraco.

Isso é apenas meia verdade.

Você também é tão forte quanto seu elo mais forte.

Medir-se por seu menor feito é calcular o poder do oceano pela fragilidade de sua espuma.

Julgar-se por seus fracassos é culpar as estações por sua inconsistência.

Abençoada escuridão

Não foi um sonho que nenhum de vocês
se lembra de ter sonhado
que construiu sua cidade
e criou tudo que há nela?

Se vocês pudessem ouvir o sussurro do sonho,
não ouviriam outro som.
Mas vocês não veem,
nem ouvem,
e tudo bem.

O véu que nubla seus olhos deve ser erguido
pelas mãos que o teceram,
e o barro que enche seus ouvidos deve ser perfurado
pelos dedos que o amassaram.
E vocês verão.
E vocês ouvirão.

No entanto, vocês não devem deplorar
por terem conhecido a cegueira,
nem se arrepender de terem sido surdos.

Porque vocês devem conhecer
os propósitos ocultos em todas as coisas,
e abençoar a escuridão
como abençoam a luz.

Acordo

Uma vez a cada cem anos, Jesus de Nazaré encontra Jesus dos cristãos em um jardim entre as colinas do Líbano.

E eles conversam muito.

E a cada vez, Jesus de Nazaré vai embora dizendo ao Jesus dos cristãos:

— Meu amigo, receio que nunca, jamais concordaremos.

Jesus e Pan

A voz de Sarkis, um velho pastor grego, disse ao Louco:

Em um sonho, eu vi Jesus e meu deus Pan juntos sentados no coração da floresta.

Eles riam entre si, com o riacho que corria perto deles, e o riso de Jesus era o mais alegre. E conversaram por muito tempo.

Pan falava da terra e de seus segredos, e de seus irmãos com cascos e suas irmãs com chifres, e de sonhos. E falava de raízes e seus filhotes, e da seiva que acorda e sobe e canta para o verão.

E Jesus falava dos jovens brotos na floresta, e das flores e frutos, e da semente que produziriam em uma estação que ainda não chegara.

Ele falava de pássaros no espaço e de seu canto no mundo superior. E falava de cervos brancos no deserto onde Deus os pastoreava.

E Pan gostou do discurso do novo Deus, e suas narinas estremeceram.

E no mesmo sonho, eu vi Pan e Jesus ficarem quietos e calados na quietude das sombras verdes.

E então, Pan pegou sua flauta e tocou para Jesus.

As árvores e as samambaias tremiam, e havia medo em mim.

E disse Jesus:

— Meu bom irmão, você tem a clareira e as alturas rochosas em sua flauta.

Então, Pan deu a flauta a Jesus e disse:

— Toque agora. É sua vez.

E disse Jesus:

— Esta flauta é demais para minha boca. Eu tenho a minha própria.

E ele pegou sua flauta e tocou. E eu ouvi o som da chuva nas folhas, o canto dos riachos entre as colinas e a queda da neve no topo da montanha.

A pulsação de meu coração, que antigamente batia com o vento, foi restaurada ao vento, e todas as ondas de meu passado se quebraram em minhas costas, e eu era de novo Sarkis, o pastor. E a flauta de Jesus se tornou a flauta de incontáveis pastores reunindo incontáveis rebanhos.

Então, Pan disse a Jesus:

— Sua juventude é mais similar à flauta que meus anos. E muito tempo antes, em minha quietude, eu ouvi sua música e o murmúrio de seu nome.

"Seu nome tem um som generoso. Ele sobe aos galhos com a seiva e corre com os cascos entre as colinas.

"E não é estranho para mim, embora meu pai não tenha me chamado por esse nome. Foi sua flauta que trouxe isso de volta à minha memória.

"E agora, vamos tocar nossas flautas juntos."

E eles tocaram juntos.

E sua música golpeou o céu e a terra, e um terror atingiu todas as coisas vivas.

Eu ouvi o berro dos animais e a fome da floresta.

E ouvi o grito de homens solitários e o lamento daqueles que anseiam pelo que não conhecem.

Eu ouvi o suspiro da donzela por seu amado, e a respiração ofegante do caçador sem sorte atrás de sua presa.

E então, veio a paz em sua música, e os céus e a terra cantaram juntos.

Tudo isso eu vi em meu sonho, e tudo isso eu ouvi.

6

A vida da alma

Acordado ou adormecido, sonhando ou na vida cotidiana, o eu maior sempre vive por meio de nós, nos guiando adiante na procissão do Amor.

Ressurreição da vida

Voz de Nicodemos, o poeta:

Eu conheço essas toupeiras que cavam caminhos para lugar nenhum.

Não são elas que acusam Jesus de se glorificar dizendo à multidão: "Eu sou o caminho e a porta da salvação", e dizendo-se a vida e a ressurreição.

Mas Jesus não alegou mais do que alega o mês de maio em sua maré alta.

Um fragmento

Foi ontem que me considerei um fragmento trêmulo e sem ritmo na esfera da vida.

Agora, sei que sou a esfera, e toda a vida em fragmentos rítmicos se move dentro de mim.

Eles me dizem em seu despertar:

— Você e o mundo em que vive são apenas um grão de areia na margem infinita de um mar infinito.

E em meu sonho, eu lhes digo:

— Eu sou o mar infinito, e todos os mundos são apenas grãos de areia em minha margem.

O Mar Maior

Minha alma e eu descemos até o grande mar para nos banharmos. E quando chegamos à costa, procuramos um lugar oculto e solitário.

Mas, enquanto caminhávamos, vimos um homem sentado em uma pedra cinza pegando pitadas de sal de uma sacola e jogando-as ao mar.

— Esse é o pessimista — disse minha alma. — Vamos sair daqui, não podemos nos banhar neste lugar.

Caminhamos até chegar a uma enseada. Ali, vimos parado sobre uma rocha branca, um homem segurando uma caixa de joias, de onde pegava açúcar e jogava no mar.

— E esse é o otimista — disse minha alma. — E ele também não deve ver nosso corpo nu.

Caminhamos mais adiante. E em uma praia, vimos um homem recolhendo peixes mortos e, com ternura, colocando-os de volta na água.

— E não podemos nos banhar diante dele — disse minha alma. — Ele é o filantropo humano.

E seguimos adiante.

Então, chegamos onde vimos um homem desenhando sua sombra na areia. Grandes ondas subiam e a apagavam. Mas ele continuava a desenhando, de novo e de novo.

— Ele é o místico — disse minha alma. — Vamos deixá-lo.

E nós caminhamos, até que em uma baía tranquila, vimos um homem pegando a espuma e a colocando em uma tigela de alabastro.

— Ele é o idealista — disse minha alma. — Certamente não deve ver nossa nudez.

E continuamos andando.

De repente, ouvimos uma voz gritando:

— Este é o mar! Este é o mar profundo. Este é o vasto e poderoso mar.

E quando alcançamos a voz, vimos um homem de costas para o mar, e à orelha segurava uma concha, ouvindo seu murmúrio.

E minha alma disse:

— Vamos prosseguir. Ele é o realista, que vira as costas para tudo que não consegue captar e se ocupa com um fragmento.

Então, seguimos adiante.

E em um lugar cheio de ervas daninhas entre as rochas, havia um homem com a cabeça enterrada na areia. E eu disse a minha alma:

— Podemos nos banhar aqui, porque ele não pode nos ver.

— Não — disse minha alma —, porque ele é o mais letal de todos. Ele é o puritano.

Então, uma grande tristeza caiu sobre a face de minha alma e em sua voz.

— Vamos embora daqui — disse ela —, pois não há lugar solitário e oculto onde possamos nos banhar. Não vou deixar esse vento levantar meus cabelos dourados, nem revelar meu peito branco nesse ar, nem permitir que a luz revele minha nudez sagrada.

Então, nós deixamos aquele mar em busca do Mar Maior.

A VERDADE É COMO AS ESTRELAS

A verdadeira luz é aquela que emana de dentro de uma pessoa.

Revela os segredos do coração à alma, deixando-a feliz e contente com a vida.

A verdade é como as estrelas. Só aparece por trás da obscuridade da noite.

A verdade é como todas as coisas belas do mundo. Só revela seus atrativos para aqueles que primeiro sentem a influência da falsidade.

A verdade é uma profunda bondade que nos ensina a nos contentarmos na vida cotidiana e a compartilharmos com as pessoas a mesma felicidade.

Tem piedade de mim, minha Alma

Por que estás chorando, minha Alma?
Conheces tu minha fraqueza?
Tuas lágrimas são afiadas e ferem,
pois não conheço meu erro.
Até quando vais chorar?
Não tenho nada além de palavras humanas
para interpretar teus sonhos,
teus desejos e tuas instruções.

Olha para mim, minha Alma.
Tenho consumido minha vida inteira
prestando atenção a teus ensinamentos.
Pense em como eu sofro!
Tenho esgotado minha vida seguindo-te.

Meu coração foi glorificado no trono,
mas agora sofre o jugo da escravidão.
Minha paciência foi uma companheira,
mas agora contende contra mim.
Minha juventude era minha esperança,
mas agora repreende minha negligência.

Por que, minha Alma, és tão exigente?
Eu me neguei prazer
e abandonei a alegria da vida
seguindo o curso
que tu me impeliste a seguir.
Sê justa comigo,
ou chama a Morte para me libertar,
pois a justiça é tua glória.

Tem piedade de mim, minha Alma.
Tu me carregaste junto com Amor
a ponto de eu não poder carregar meu fardo.
Tu e o Amor são poderes inseparáveis.
A substância e eu somos fraquezas inseparáveis.
Acaso cessará a luta
entre os fortes e os fracos?

Tem piedade de mim, minha Alma.
Tu me mostraste a Fortuna além de meu alcance.
Tu e a Fortuna residem no topo da montanha.
A Miséria e eu estamos abandonados
no poço do vale.
Acaso a montanha e o vale se unirão?

Tem piedade de mim, minha Alma.
Tu me mostraste Beleza,
mas logo a escondeste.
Tu e a Beleza vivem na luz.
A Ignorância e eu estamos unidos no escuro.
Acaso a luz invadirá a escuridão?

A VIDA DA ALMA

Teu deleite vem com o Final,
e tu te regozijas em expectativa.
Mas este corpo sofre com a vida
enquanto está na vida.
Isso, minha Alma, é desconcertante.

Tu corres para a eternidade,
mas este corpo vai lentamente rumo ao perecimento.
Tu não esperas por ele,
e ele não pode ir depressa.
Isso, minha Alma, é tristeza.

Tu ascendes alto pela atração do céu,
mas este corpo cai pela gravidade da Terra.
Tu não o consolas,
e ele não gosta de ti.
Isso, minha Alma, é miséria.

Tu és rica em sabedoria,
mas este corpo é pobre em compreensão.
Tu não cedes,
e ele não obedece.
Isso, minha Alma, é um sofrimento extremo.

No silêncio da noite, tu visitas o Amado
e desfrutas a doçura de sua presença.
Este corpo permanece sempre
a amarga vítima da esperança e da separação.
Isso, minha Alma, é tortura agonizante.

Tem piedade de mim, minha Alma!

Confie nos sonhos

Na profundidade de suas esperanças e desejos
está seu conhecimento silencioso do além.
E como sementes sonhando sob a neve,
seu coração sonha com a primavera.

Confie nos sonhos,
pois neles está oculto
o portão da eternidade.

O EU MAIOR

Aconteceu o seguinte:

Depois da coroação de Nufsibaal, rei de Biblos, ele se retirou a seus aposentos — o quarto que os três eremitas-magos das montanhas haviam construído para ele.

Tirou a coroa e a roupa real e ficou parado no centro do quarto pensando em si mesmo, agora o todo-poderoso governante de Biblos.

De repente se voltou, e viu sair um homem nu do espelho de prata que sua mãe lhe dera.

O rei ficou surpreso e gritou para o homem:

— O que quer?

E o homem nu respondeu:

— Nada além disto: por que o coroaram rei?

E o rei respondeu:

— Porque sou o homem mais nobre destas terras.

Então o homem nu disse:

— Se fosse ainda mais nobre, não seria rei.

E disse o rei:

— Como sou o homem mais poderoso destas terras, eles me coroaram.

E disse o homem nu:

— Se fosse ainda mais poderoso, não seria rei

Então o rei disse:

— Como sou o homem mais sábio, eles me coroaram rei.

E o homem nu disse:

— Se fosse ainda mais sábio, não escolheria ser rei.

Então o rei caiu no chão e chorou amargamente.

O homem nu o fitou. Então, pegou a coroa e com ternura a recolocou na cabeça inclinada do rei.

E o homem nu, contemplando amorosamente o rei, entrou no espelho.

E o rei despertou, e imediatamente olhou para o espelho. E viu apenas a si mesmo coroado.

ASCENSÃO

Quando você anseia por bênçãos
que não pode nomear,
e quando chora
sem saber a causa,
está, de fato, crescendo
com todas as coisas que crescem,
e ascendendo em direção a seu eu maior.

FILHOS DO ESPAÇO

Na verdade, o desejo de conforto mata a paixão da alma e caminha sorrindo no funeral.

Mas vocês, filhos do espaço, inquietos em repouso, não serão presos nem domados.

Sua casa não será uma âncora, e sim um mastro.

Que não será uma película brilhante que cobre uma ferida, e sim uma pálpebra que protege o olho.

Vocês não devem dobrar suas asas para passar pelas portas, nem baixar a cabeça para que não bata no teto, nem ter medo de respirar com receio de que as paredes rachem e caiam.

Vocês não devem habitar túmulos feitos pelos mortos para os vivos.

E embora possua magnificência e esplendor, sua casa não guardará seu segredo nem abrigará seu anseio.

Pois aquilo que é sem limites em vocês habita a mansão do céu, com uma porta que é a névoa da manhã e janelas que são as canções e os silêncios da noite.

Deixe-me, meu Acusador

Deixe-me, meu Acusador,
pelo amor que une sua alma
à de seu amado.
Por aquilo que une
o espírito ao afeto da mãe,
e amarra seu coração ao amor filial.
Vá, e deixe-me com meu coração em pranto.

Deixe-me navegar no oceano de meus sonhos.
Espere até chegar o amanhã,
pois o amanhã é livre para fazer comigo o que quiser.
Sua fustigação é nada mais que sombra
que caminha com o espírito
rumo ao túmulo do abismo,
e lhe mostra a terra fria e sólida.

Eu tenho um pequeno coração dentro de mim,
e gosto de tirá-lo da prisão
e levá-lo na palma da mão;
de examiná-lo profundamente e extrair seu segredo.
Não aponte suas flechas para ele,

para que ele não se assuste e desapareça
antes que derrame o sangue do segredo
como um sacrifício no altar de sua própria fé,
dada pela Divindade quando ela
o formou de amor e beleza.

O sol está nascendo e o rouxinol cantando,
e a murta respira sua fragrância no espaço.
Quero me libertar do acolchoado sono do errado.
Não me detenha, meu Acusador!

Não me castigue mencionando
os leões da floresta
ou as cobras do vale,
pois minha alma não tem medo da terra
e não aceita alerta contra o mal
antes que o mal venha.

Não me advirta, meu Acusador,
pois calamidades abriram meu coração
e lágrimas lavaram meus olhos,
e os erros me ensinaram
a linguagem dos corações.

Não fale de banimento
porque a consciência é meu juiz,
e me justificará e me protegerá
se eu for inocente,
e me negará a vida
se eu for um criminoso.

A VIDA DA ALMA | 163

A procissão do amor segue.
A beleza agita sua bandeira.
A juventude toca a trombeta da alegria.
Não perturbe minha contrição, meu Acusador.
Deixe-me andar,
pois o caminho é rico de rosas e hortelã,
e o ar é perfumado de limpeza.

Não relate contos de riqueza e grandeza,
pois minha alma é rica em recompensas
e grande na glória de Deus.
Não fale de povos e leis e reinos,
pois a Terra inteira é meu local de nascimento
e todas as pessoas são meus irmãos e irmãs.

Saia de mim,
pois você está tirando a vida...
oferecendo arrependimento
e trazendo palavras desnecessárias.

O PRECURSOR

Você é seu próprio precursor, e as torres que construiu são apenas a base de seu Eu Gigante.

E esse Eu também será um alicerce.

E eu também sou meu precursor, pois a longa sombra que se estende diante de mim ao nascer do sol se recolherá sob meus pés ao meio-dia.

E outro nascer do sol estenderá outra sombra diante de mim, que também se recolherá em outro meio-dia.

Sempre fomos nossos próprios precursores, e sempre seremos. E tudo que reunimos e coletamos são apenas sementes para campos ainda não lavrados. Nós somos os campos e também somos aqueles que aram, os coletores e a colheita.

Quando você era um desejo errante na névoa, eu também estava lá, um desejo errante. Então, procuramos um ao outro, e de nossa ânsia nasceram os sonhos. E os sonhos eram tempo ilimitado, e os sonhos eram espaço sem medida.

E quando você era uma palavra silenciosa sobre os lábios trêmulos da vida, eu também estava lá, outra palavra silenciosa. Então, a vida nos proferiu, e chegamos aos anos pulsantes pelas lembranças de ontem e pelo anseio do amanhã, pois ontem foi a morte conquistada e o amanhã o nascimento buscado.

E agora, estamos nas mãos de Deus. Você é um sol em sua mão direita e eu uma terra em sua mão esquerda. Mas você não é mais brilhante que eu.

E nós, sol e terra, somos apenas o começo de um sol maior e de uma terra maior. E sempre seremos o começo.

Você é seu próprio precursor; você — o estranho que passa pelo portão de meu jardim.

E eu também sou meu precursor, apesar de estar sentado à sombra de minhas árvores e parecer imóvel.

Caminhe de frente para o sol

Você que anda de frente para o sol,
que imagens desenhadas na terra podem detê-lo?
Você que viaja com o vento,
que cata-vento deve direcionar seu curso?
Que lei humana o atará
se você romper seu jugo,
senão a porta da prisão de ninguém?
Que leis temerá se dançar,
senão tropeçar nas correntes de ferro de ninguém?
E quem o levará a julgamento
se você rasgar suas vestes
e as deixar no caminho de ninguém?
Povo de Orphalese,
vocês podem abafar o tambor,
e podem soltar as cordas da lira,
mas quem ordenará
à cotovia não cantar?

Gotas de orvalho da alma

A imagem do sol da manhã em uma gota de orvalho não é menor que o sol.

O reflexo da vida em sua alma não é menor que a vida.

A gota de orvalho reflete a luz porque é una com a luz, e você reflete a vida porque você e a vida são um só.

A gota de orvalho rolando sua esfera no crepúsculo do lírio não é diferente de você recolhendo sua alma no coração de Deus.

Raízes entre as coisas

Vocês são apenas raízes
entre o escuro torrão
e o céu em movimento.
E muitas vezes eu os vi
se levantarem para dançar com a luz,
mas também os vi tímidos.
Todas as raízes são tímidas.
Elas esconderam seu coração por tanto tempo
que não sabem o que
fazer com ele.

O Eu é um mar

Seu coração conhece em silêncio os segredos dos dias e das noites.

Mas seus ouvidos têm sede do som do conhecimento de seu coração. Saiba em palavras o que você sempre soube em pensamento. Toque com os dedos o corpo nu de seus sonhos. Faça isso.

A fonte escondida de sua alma precisa se erguer e correr murmurando para o mar. E o tesouro de suas profundezas infinitas será revelado a seus olhos. Mas que não haja balanças para pesar seu tesouro desconhecido. E não explore as profundezas de seu conhecimento com um cajado ou sonda. Pois o eu é um mar sem limites e sem medida.

Não diga: "Encontrei a verdade", mas sim: "Encontrei uma verdade".

Não diga: "Encontrei o caminho da alma." Mas diga: "Encontrei a alma andando em meu caminho."

Pois a alma caminha em todos os caminhos.

A alma não segue uma linha, nem cresce como a cana. A alma se abre como um lótus de inúmeras pétalas.

O ANSEIO DO EU GIGANTE

Pena que os veados não possam ensinar rapidez às tartarugas.

Em seu anseio por seu Eu Gigante reside sua bondade, e esse anseio está em todos vocês.

Mas, em alguns de vocês esse anseio é uma torrente correndo com força para o mar, transportando os segredos das encostas e as canções da floresta.

E em outros, é um simples rio que se perde em ângulos e dobras e demoras antes de chegar à costa.

Mas não deixem que aquele que anseia muito diga ao que anseia pouco: "Por que você é lento e hesitante?"

Anjos e demônios

Eu também sou visitado
por anjos e demônios,
mas me livro deles.

Quando é um anjo,
eu faço uma velha oração
e ele fica entediado.

Quando é um demônio,
eu cometo um velho pecado
e ele passa reto por mim.

A Montanha Abençoada

Talvez você tenha ouvido
falar da Montanha Abençoada.
É a montanha mais alta de nosso mundo.

Se chegasse ao cume,
você teria apenas um desejo,
que seria descer e
estar com aqueles que habitam
o vale mais profundo.

É por isso que se chama
a Montanha Abençoada.

CANÇÃO DA ALMA

No fundo de minha alma
há uma canção sem palavras,
uma canção que vive
na semente de meu coração.

Recusa-se a derreter
com tinta em pergaminho.
Engolfa meu carinho
em um manto transparente e flui,
mas não de meus lábios.

Como posso suspirar?
Receio me mesclar com o éter terrestre.
A quem devo cantar?
Ela habita a casa de minha alma
e tem medo de ouvidos grosseiros.

Quando olho em meus olhos internos,
vejo a sombra de sua sombra.
Quando toco a ponta de meus dedos,
Eu sinto suas vibrações.

As ações de minhas mãos
prestam atenção em sua presença,
como um lago deve refletir
as estrelas cintilantes.

Minhas lágrimas a revelam,
como gotas brilhantes de orvalho
revelam o segredo
de uma rosa murcha.

É uma música composta
por contemplação
e publicada pelo silêncio,
e evitada pelo clamor,
e dobrada pela verdade,
e repetida por sonhos,
e compreendida pelo amor,
e escondida pelo despertar,
e cantada pela alma.

É a canção do amor.
O que Caim ou Esaú podiam cantar?
É mais perfumada que o jasmim.
Que voz a poderia escravizar?

É tão ligada ao coração
quanto o segredo de uma virgem.
Que corda poderia fazê-la tremer?

Quem ousa unir o rugido do mar
ao canto do rouxinol?

Quem ousa comparar a tempestade estridente
com o suspiro de uma criança?

Quem ousa falar em voz alta as palavras
que o coração deveria dizer?

Que humano ousa
cantar em voz alta
a canção de Deus?

Obras dos textos selecionados

Almas rebeldes (1908) — AR
Asas partidas (1912) — AP
Uma lágrima e um sorriso (1914) — LS
A procissão (1918) — Pc
O louco (1918) L
"Ó filhos da minha mãe" (anos 1920) — FM
O precursor (1920) — OP
O profeta (1923) — P
Areia e espuma (1926) — AE
"To Young Americans of Syrian Origin" (1926) — YA
Jesus, o filho do homem (1928) — JFH
O errante (1932) — OE
O jardim do profeta (1933) — JP

Textos selecionados

Ouvindo a vida da natureza

A lei da natureza — AR
Disse uma folha de grama — L
Três cães — OE
Sombras — L
Canção da chuva — LS
Uma hiena e um crocodilo — OE
Duas ostras — OE
Árvores são poemas — AE
A terra vermelha — OE
A lua cheia — OE
A Formiga Suprema — L
A romã — L
Solidão — AE
Água viva — P
Outros mares — OP
O rio — OE

Contentamento e frugalidade — AE

Coração de lótus — JFH.

A sombra — OE

A serpente e a cotovia — OP.

Sapos: sobre a natureza do distúrbio — OE

Canção da flor — LS

Primavera no Líbano — AP

A BELEZA E A CANÇÃO DA VIDA

Propósito da vida — AE

Canto — AE

Segredos da beleza da vida — ER. "

O poeta — LS

Arte e vida — OP

O prazer é uma canção de liberdade — P

Cantar — JP

Diante do trono da beleza — LS

A flauta — Pc

Beleza — P

A alma do dançarino — OE

Uma hora dedicada à beleza e ao amor — LS

A JORNADA DA VIDA HUMANA

Sua vida diária é seu templo — P

Enterrar os eus mortos — L

Abrir mão de um reino — OP

Posses — P

Tesouro — AE

O valor do tempo — AE

Com os sentidos continuamente renovados — JFH.

Trabalho é amor — P

Construtores de pontes — OE

Renome — AE

A vida é uma procissão — AE

Canção da humanidade — LS

O canto no silêncio — JP

Pudor — P

Entre — AE

Ignorância — AE

Quando você encontra um amigo — P

Estranhos para a vida — AE

A vida é uma resolução — FM

Anseio — AE

Aos americanos filhos de imigrantes provenientes do
     Oriente Médio (1926) — YA

Estações da vida

Mudar com as estações — AP

Não há milagre por trás das estações — JFH.

Juventude e conhecimento — AE

Estações — JP

Outono e primavera — AE

Tempo — P
Todas as suas horas são asas — P
Seja o escuro — AE
Dia e noite — JP
Incubação — AE
A maré da respiração — P
Não há costa sem o eu — JP
Defeitos — AE
Todos os anos eu esperava a primavera... — JFH.

Vida paradoxal

A vida vem andando — JP
Conversa — AE
Um conto de dois contos — OE
Confissão — AE
Ontem e hoje — LS
Presentes da Terra — P
Dar e receber — P
Alto e baixo — P
Busca — AE
Liberdade — P
Limites — AE
Olhos de coruja — P
Vozes — AE
Oceano e espuma — P
Abençoada escuridão — P
Acordo — AE
Jesus e Pan — JFH.

A VIDA DA ALMA

Ressurreição da Vida — JFH.
Um fragmento — AE
O Mar Maior — L
A verdade é como as estrelas — ER
Tem piedade de mim, minha alma — LS
Confie nos sonhos — P
O eu maior — OP
Ascensão — AE
Filhos do espaço — P
Deixe-me, meu acusador — LS
O precursor — OP
Caminhe de frente para o sol — P
Gotas de orvalho da alma — JP
Raízes entre as coisas — JP
O Eu é um mar — P
O anseio do eu gigante — P
Anjos e demônios — AE
A montanha abençoada — AE
Canção da alma — LS

Sobre o autor

Dados da vida de Gibran Khalil Gibran:

1883:   Nasce em Bsharri, uma aldeia no norte do Líbano.

1895:   A mãe de Gibran imigra para Boston com seus quatro filhos na esperança de fugir da pobreza e da infelicidade, enquanto seu marido permanece no Líbano, preso por fraude contra o governo.

1898:   Retorna ao Líbano, Beirute, para estudar árabe e francês em uma escola preparatória dirigida por maronitas. Segundo alguns relatos, sua mãe quer afastá-lo de repulsivas influências artísticas em Boston.

1902:   Retorna a Boston. Em quinze meses, perde sua mãe, irmã e meio-irmão, vítimas da tuberculose.

1904:   Por meio do fotógrafo Fred Holland Day, conhece Mary Haskell, uma diretora de escola, que se torna sua protetora, musa, editora e possível amante. Publica vários textos em prosa poética, reunidos mais tarde sob o título *Uma lágrima e um sorriso*.

1908-10: Financiado por Mary, frequenta a escola de arte em Paris.

1911: Estabelece-se em Nova York, onde inicia uma íntima correspondência com May Ziadeh, uma intelectual libanesa que vive no Cairo.

1918: *O louco* [*The Madman*], primeiro livro de Gibran escrito em inglês, é publicado.

1920: Junto com outros escritores e poetas árabes e libaneses que vivem nos Estados Unidos, ele funda uma sociedade literária chamada *Al--Rabitah al-Qalamiyah*, conhecida como Pen-Bond.

1923: *O profeta* é publicado, com sucesso imediato. Começa sua amizade com Barbara Young, que mais tarde se torna sua nova musa e editora.

1928: *Jesus, o filho do homem* é publicado.

1931: Khalil morre em um hospital de Nova York aos 48 anos, devido a uma cirrose hepática. Como era seu desejo, seu corpo é trasladado ao Líbano em 1932 e enterrado em sua cidade natal, Bsharri. Um antigo mosteiro é comprado, e se torna um museu em sua memória.

Esses fatos comuns desmentem a complexidade e a turbulência da vida de Khalil Gibran, tanto internas quanto externas. Como um de seus biógrafos, Suheil Bushrui escreve, em 1998:

Quanto mais se escrevia sobre Gibran, mais elusivo o homem tendia a se tornar, uma vez que críticos, amigos e biógrafos construíam uma variedade de imagens desconexas. Gibran mesmo é parcialmente culpado disso. Ele escreveu muito pouco sobre sua vida, e em momentos recorrentes de insegurança e "imprecisão", particularmente durante seus primeiros anos de reconhecimento, muitas vezes fabricou ou embelezou suas origens humildes e seu passado conturbado. Essa autoperpetuação de seu mito — uma tendência seguida por outras figuras literárias, como Yeats e Swift — não foi desonestidade intelectual, e sim uma manifestação do desejo da mente poética de criar sua própria mitologia.

É possível encontrar uma boa biografia no site do Gibran National Committee: www.gibrankhalilgibran.org.

Como observa Bushrui, as muitas biografias e estudos biográficos de Gibran não concordam em muitos pontos. São muito parecidos com as diferentes vozes apresentadas no livro de Gibran, *Jesus, o filho do homem*, no qual cada uma relata várias facetas de uma pessoa que abraçou os altos e baixos, as luzes e sombras de uma vida plenamente humana.

A seguir, uma seleção de biografias e coleções de cartas de Gibran.

Bushrui, S., e J. Jenkins. (1998). *Khalil Gibran: Man and Poet*. Oxford: Oneworld.

Bushrui, S., e S. H. al-Kuzbari (eds. e trads.). (1995). *Gibran: Love Letters*. Oxford: Oneworld.

Gibran, J., e K. Gibran. (1974). *Khalil Gibran: His Life and World*. Boston: New York Graphic Society.

Hilu, V. (1972). *Beloved Prophet: The Love Letters of Khalil Gibran and Mary Haskell and Her Private Journal*. Nova York: Alfred Knopf.

Naimy, M. (1950). *Khalil Gibran: A Biography*. Nova York: Philosophical Library.

Waterfield, R. (1998). *Prophet: The Life and Times of Khalil Gibran*. Nova York: St. Martin's Press.

Young, B. (1945). *This Man from Lebanon: A Study of Khalil Gibran*. Nova York: Alfred Knopf.

Sobre o compilador

Neil Douglas-Klotz é um renomado escritor nas áreas de espiritualidade do Oriente Médio e tradução e interpretação das antigas línguas semíticas hebraico, aramaico e árabe. Vive na Escócia, onde dirige o Edinburgh Institute for Advanced Learning, e durante muitos anos foi copresidente do Mysticism Group of the American Academy of Religion.

Frequente orador e condutor de workshops, é autor de vários livros. Dentre seus livros sobre a espiritualidade aramaica de Jesus estão *Orações do cosmo* (Triom, 1990); *O evangelho segundo Jesus aramaico* (Novo século, 2001); *Original Meditation: The Aramaic Jesus and the Spirituality of Creation;* e *Blessings of the Cosmos*. Alguns de seus livros sobre uma visão comparativa da espiritualidade "nativa" do Oriente Médio são: *Sabedoria do deserto* (Best-seller, 1996) e *The Tent of Abraham* (com Rabbi Arthur Waskow e irmã Joan Chittister). Sobre espiritualidade sufi: *The Sufi Book of Life: 99 Pathways of the Heart for the Modern Dervish* e *A Little Book of*

Sufi Stories. Em suas coleções biográficas das obras de seus mestres sufis encontram-se *Sufi Vision and Initiation* (Samuel L. Lewis) e *Illuminating the Shadow* (Moineddin Jablonski). Também escreveu um romance de mistério ambientado na Terra Santa no século I da Era Cristã intitulado *A Murder at Armageddon*.

Para obter mais informações sobre seu trabalho, consulte o site www.abwoon.org, ou sua página no Facebook https://www.facebook.com/AuthorNeilDouglasKlotz/

Este livro foi composto na tipografia
Centaur MT Std, em corpo 13/16, e impresso
em papel off-white no Sistema Cameron da
Divisão Gráfica da Distribuidora Record.